Desmond Morris

Warum machen Katzen einen Buckel?

Catwatching – Die Körpersprache der Katze

Mit Illustrationen von Peter Engel

Aus dem Englischen von Gisela Bulla

WILHELM HEYNE VERLAG
MÜNCHEN

HEYNE SACHBUCH
Nr. 19/183

Titel der englischen Originalausgabe
CATWATCHING. THE ESSENTIAL GUIDE TO CAT BEHAVIOUR
Erschienen bei Jonathan Cape Ltd., London

Taschenbuchausgabe
im Wilhelm Heyne Verlag GmbH & Co. KG, München

Printed in Germany 1991
Umschlagfoto: Silvestris Fotoservice, Kastl/Obb.
Umschlaggestaltung: Atelier Adolf Bachmann, Reischach
Satz: Schaber, Wels/Österreich
Druck und Verarbeitung: Presse-Druck Augsburg

ISBN 3-453-05213-7

Inhalt

Einleitung 9
Die Katze 20

Warum schnurren Katzen? 30
Warum lassen sich Katzen so gern streicheln? 32
Warum reißen sie Fäden aus dem Bezug Ihres Lieblingssessels? 34
Warum rollt eine Katze sich auf den Rücken, wenn sie Sie sieht? 37
Warum reibt sich die Katze zur Begrüßung an Ihren Beinen? 39
Warum erheben sich manche Katzen zur Begrüßung auf die Hinterbeine? 41
Warum tretelt eine Katze mit den Vorderpfoten auf Ihrem Schoß? 43
Warum vergräbt eine Katze ihren Kot? 46
Warum verwendet eine Katze soviel Zeit darauf, ihr Fell zu putzen? 48
Warum »wedelt« eine Katze mit dem Schwanz? 53
Warum spritzt ein Kater seinen Urin gegen die Gartenmauer? 55
Wie groß ist das Territorium einer Katze? 59
Wie gesellig sind Katzen? 63

Warum mauzen Katzen inständig, um rausgelassen zu werden, und mauzen gleich darauf wieder, um reingelassen zu werden? 66
Was signalisiert eine Katze mit der Stellung ihrer Ohren? 68
Wie kämpfen Katzen? 71
Warum macht eine Katze einen Buckel, wenn sie einen fremden Hund erblickt? 76
Warum fauchen Katzen? 79
Warum »wedelt« eine Katze mit dem Schwanz, wenn sie auf dem Rasen einen Vogel jagt? 81
Warum »schnattert« eine Katze, wenn sie durchs Fenster einen Vogel sieht? 84
Warum dreht eine Katze ihren Kopf von einer Seite zur anderen, wenn sie ihre Beute anstarrt? 87
Warum spielt eine Katze manchmal mit dem Beutetier, bevor sie es tötet? 88
Wie geht eine Katze mit ihrer selbstgefangenen Nahrung um? 91
Wie erfolgreich ist eine Katze bei der Bekämpfung sogenannter Schädlinge? 94
Warum bringen Katzen ihren Besitzern oft frisch gefangene Beutetiere? 96
Warum fressen Katzen Gras? 98
Was macht eine Katze mit ihren Schnurrbarthaaren? . 101
Warum leuchten Katzenaugen im Dunkeln? 104
Warum zieht sich die Pupille der Katze zu einem senkrechten Spalt zusammen? 105
Können Katzen Farben sehen? 107

Wie geht eine Katzenmutter mit ihren Neugeborenen um? ... 109
Wie vermeiden die Katzenkinder Streit, wenn sie bei der Mutter trinken? ... 112
Wie entwickeln sich junge Katzen? ... 113
Warum bringt eine Katze ihre Jungen in ein anderes Nest? ... 115
Wie lernen junge Katzen, ihre Beute zu töten? ... 119
Warum werfen junge Katzen ihr Spielzeug manchmal hoch in die Luft? ... 121
Wann werden Katzen geschlechtsreif? ... 124
Wie schnell vermehren sich Katzen? ... 126
Wie spielt sich die Brautwerbung bei Katzen ab? ... 128
Warum packt der Kater das Weibchen beim Zeugungsakt im Genick? ... 132
Warum schreit das Weibchen bei der Paarung? ... 134
Warum »flehmt« eine Katze? ... 137
Wie bringt eine Katze es fertig, auf alle vier Pfoten zu fallen? ... 139
Wie verhalten sich alte Katzen? ... 140
Warum leckt eine Katze sich das Gesicht, auch wenn es gar nicht schmutzig ist? ... 143
Warum reagieren Katzen so stark auf Katzenminze? ... 146
Wie findet eine Katze nach Hause? ... 149
Können Katzen Erdbeben vorausahnen? ... 152
Warum halten Katzen so viele Nickerchen? ... 154
Warum sind Katzenhalter gesünder als andere Menschen? ... 156

Was besagt die englische Redensart, daß jemand »Kätzchen bekommt«? 158
Warum sagen wir: Er läßt die Katze aus dem Sack? . . 159
Warum bezeichnet man ein Bordell in England auch als Katzenhaus? 160
Warum werden in angloamerikanischen Ländern Katzenweibchen als »Queen« bezeichnet? 161
Warum heißt der Kater in England »Tom«? 162
Wieso hat eine Katze neun Leben? 163
Warum sagt man, »da ist nicht genügend Platz, um eine Katze herumzuschwenken«? 164
Was bedeutet das englische Sprichwort von der Katze, die in der Hölle keine Chance hat? 165
Warum sagt man in England, wenn es gießt, es regne Katzen und Hunde? 166

Einleitung

Die domestizierte Katze ist ein Widerspruch in sich. Kein anderes Tier hat eine so enge Beziehung zum Menschen entwikkelt und sich gleichzeitig so viel Unabhängigkeit und Bewegungsfreiheit bewahrt. Der Hund mag der beste Freund des Menschen sein, aber nur selten erlaubt man ihm, frei und nach eigenem Willen durch Garten und Straßen zu laufen. Der gehorsame Hund muß sich spazierenführen lassen, die eigensinnige Katze aber streift frei umher.

Katzen führen ein Doppelleben. Zu Hause bleiben sie immer Katzenkinder, die zu ihrem Besitzer aufsehen. Draußen, auf Pirsch, ist die Katze völlig erwachsen, ihr eigener Herr, ein freies, wildes Tier, wachsam und nicht auf fremde Hilfe angewiesen. Ihren menschlichen Besitzer vergißt sie dabei vorübergehend vollkommen. Es ist faszinierend, diese blitzschnelle Verwandlung vom zahmen zum wilden Tier und zurück zu erleben. Jeder Katzenhalter wird wissen, was ich meine, wenn er jemals zufällig seinem Haustier im Freien begegnet ist, als es völlig vertieft war in eines jener Katzendramen voll Sex und Gewalttätigkeit. Das Tier mag völlig aufgehen in seinem intensiven Werben oder im Kampf um die Rangordnung, bis es aus dem Augenwinkel seinen menschlichen Besitzer entdeckt, der ihm zuschaut. Einen kurzen, zwiespältigen Augenblick lang ist die Katze hin und her gerissen; ein Zögern — dann läuft sie herbei, reibt sich am Bein des Besitzers und wird wieder zum Hauskätzchen.

Daß die Katze zahm bleibt, ist ein Ergebnis dessen, wie sie aufwuchs. Da eine Katze während ihrer Kindheit und Jugend sowohl mit anderen Katzen (ihrer Mutter und Geschwistern) als auch mit Menschen (der Familie, bei der sie aufwächst) zusammenlebt, sind ihr beide vertraut und sie glaubt, beiden Spezies anzugehören. Sie ist wie ein Kind, das in einem fremden Land aufwächst und infolgedessen zweisprachig wird. Die Katze wächst gewissermaßen zweigleisig heran. Körperlich gesehen mag sie eine richtige Katze sein, aber innerlich ist sie beides, Katze und Mensch. Ist sie erwachsen, dann sind die meisten ihrer Ausdrucksformen zwar die einer Katze. Ihren menschlichen Besitzern gegenüber behält sie im wesentlichen nur ein einziges Verhaltensmuster bei: Sie betrachtet sie als Adoptiveltern. Das geschieht deshalb, weil sie in einem bestimmten Stadium die Aufgaben übernehmen, die auch die leibliche Katzenmutter ihren Jungen gegenüber erfüllt: Sie geben ihr Milch, gut zu essen und Behaglichkeit.

Die Bindung zwischen Mensch und Katze unterscheidet sich sehr von der zwischen Mensch und Hund. Der Hund sieht seine menschlichen Besitzer zwar auch als Adoptiveltern an, genau wie die Katze. Was das angeht, sind die Motive für ihre Anhänglichkeit gleich. Aber für den Hund gibt es noch eine zusätzliche Bindung: Kaniden, Angehörige der Familie der Hunde und hundeartigen Raubtiere, tun sich zu Gruppen zusammen, die der katzenartigen, der Feliden, nicht. Hunde leben in Rudeln; der Status jedes einzelnen Tieres ist genau festgelegt und unterliegt laufender Beobachtung. Es gibt Anführer, die an der Spitze stehen, eine Mittelgruppe und die »Unterprivilegierten« auf der niedrigsten Stufe der Rangordnung. Unter natürlichen Bedingungen leben alle ständig nah beieinander und sind daher stets auf dem laufenden, welche Position jedes Gruppenmitglied innehat. Deshalb sieht der erwachsene Hund in »seiner« menschlichen Familie zweierlei: seine Adoptiveltern und die dominierenden Miglieder seines Rudels. Daher ist sein Gehorsam zu verstehen, seine sprichwörtliche Loyalität. Katzen leben gleichfalls entsprechend einer vielschichtigen Sozialordnung, aber sie gehen nie im Rudel auf die Jagd. In der Freiheit verbringen sie einen Großteil ihrer Tage damit, sich einzeln an Beute anzuschleichen oder ihr aufzulauern. Deshalb hat ein Spaziergang mit dem Menschen für sie nicht den geringsten Reiz. Und sie sind völlig desinteressiert, »bei Fuß« gehen zu lernen oder Kommandos wie »Sitz!« oder »Komm!« zu befolgen. Derartige Dressuren ergeben für Katzen keinerlei Sinn.

Die Katze ist im gleichen Augenblick, in dem es ihr gelingt, einen Menschen dazu zu bewegen, ihr die Tür zu öffnen (die verhaßteste aller menschlichen Errungenschaften), auf und davon, ohne einen Blick zurückzuwerfen. Beim Überqueren der Türschwelle geht eine Verwandlung mit der Katze vor sich. Das Verhaltensmuster eines auf den Menschen bezogenen Kätzchens wird einfach ausgeblendet, und an seine Stelle tritt das voll ausentwickelte Repertoire einer wilden Katze. Ein Hund wird sich in einer solchen Situation immer umschauen, ob sein menschlicher Rudelführer ihm auch folgt, um mit ihm das Vergnügen einer aufregenden Entdeckungstour zu teilen. Nicht so die Katze. All ihr Denken und Fühlen ist ausgerichtet auf eine andere, totale Katzenwelt, in der es für fremdartige, zweibeinige Wesen keinen Raum gibt.

Dieser entscheidende Unterschied zwischen Hauskatzen und Haushunden ist der Grund, warum Katzenliebhaber wesensmäßig meist völlig anders sind als Hundefreunde. Sie neigen im allgemeinen in ihrem Handeln und Denken zu mehr Eigenwilligkeit. Künstler lieben Katzen, Soldaten lieben Hunde. Das vielgerühmte Gruppenverhalten ist als Phänomen der bedingungslosen Treue zum Rudel, der Gruppe, dem Kreis sowohl der Katze als auch dem Katzenfreund zuwider. Wenn Sie sehr gesellig sind, einer Clique angehören, aktiver Sportsfreund sind oder Polizeibeamter, wird sich höchstwahrscheinlich bei Ihnen zu Hause keine Katze vor dem Ofen räkeln. Der leidenschaftliche Yuppie, der ehrgeizige Politiker, der professionelle Fußballer — sie alle gehören nicht zu den typischen Katzenhaltern. Es ist einigermaßen schwierig, sich einen Rugby-Spieler mit einer Katze auf dem Schoß vorzustellen, viel leichter fällt es dagegen, sich auszumalen, wie er seinen Hund spazierenführt.

Wenn man Katzen- und Hundebesitzer als grundsätzlich verschiedene Gruppen betrachtet, kommt man bald darauf, daß die Vorliebe für Katze oder Hund auch vom Geschlecht abhängig ist. Die Tendenz zu Katzen ist bei Frauen deutlich stärker. Berücksichtigt man die Arbeitsteilung, die sich während der menschlichen Evolution entwickelt hat, so ist das nicht weiter überraschend. In vorgeschichtlicher Zeit jagten die Männer meist in Horden, die Frauen hingegen befaßten sich vornehmlich damit, das Essen zuzubereiten und die Kinder aufzuziehen. Diese Unterschiede führten zur »Rottenmentalität« der Männer, die man bei Frauen sehr viel weniger antrifft. Ein Frauengegner könnte hier die Behauptung aufstellen, daß Frauen und Katzen keinen Teamgeist besäßen: ein Männerfeind könnte mit der gleichen Berechtigung Männern und Hunden eine angeborene Neigung zur Bandenbildung unterstellen.

In der weiteren Argumentation käme es zur Gegenüberstellung von Selbstgenügsamkeit und Individualität bei den Frauen und Kameraderie und Kumpanei bei Männern. Ich möchte an dieser Stelle gleich betonen, daß ich beide Positionen, um sie deutlich hervorzuheben, karikiert habe. In Wirklichkeit gibt es viele Menschen, die gleichermaßen die Gesellschaft von Hunden und Katzen genießen. Und wir alle — oder doch wenigstens fast alle — haben katzen- und hundeartige Wesenszüge in uns selbst vereinigt. Es gibt Stimmungen, da möchten wir allein unseren Gedanken nachhängen, zu anderen Zeiten wiederum stürzen wir uns am liebsten mitten in turbulentes, lautes Treiben.

Mit beiden Tieren — Hund und Katze — gingen wir Menschen einst einen feierlichen Vertrag ein: den ungeschriebenen unausgesprochenen Pakt mit ihren wilden Vorfahren, daß wir ihnen zu fressen und zu trinken geben und sie dafür bestimmte Pflichten zu unserem Schutz übernehmen. Für Hunde sind diese Pflichten sehr vielfältig, sie reichen von einer ganzen Reihe von Aufgaben bei der Jagd, dem Bewachen des menschlichen Eigentums, der Verteidigung ihrer Besitzer gegen Angriffe, der Bekämpfung von Schädlingen bis hin zur Arbeit als Zugtiere, zum Ziehen von Karren und Schlitten. In jüngerer Zeit kamen bei dem geduldigen, ausdauernden Hund noch eine ganze Anzahl weiterer Pflichten hinzu, darunter so verschiedenartige Aufgaben wie das Führen von Blinden, das Fangen von Verbrechern und die Teilnahme an Hunderennen.

Für Katzen waren die Bedingungen des »Ur-Vertrages« wesentlich einfacher und sind es bis heute geblieben. Für sie gibt es nur je eine Haupt- und eine Nebenaufgabe. In erster Linie erwarten wir von ihnen die Bekämpfung bestimmter Schädlinge, in zweiter Linie halten wir sie als Hätschel- und Schmusetiere. Da sie Einzelgänger sind und nur kleine Beutetiere fangen, konnten sie den menschlichen Jägern kaum von Nutzen sein. Und weil sie nicht in festgefügten sozialen Gruppen leben, die abhängig sind von gegenseitiger Hilfe, um zu überleben, schlagen sie auch keinen Alarm, wenn Eindringlinge ins Haus kommen. Deshalb sind sie als Wächter des menschlichen Eigentums oder als Verteidiger unseres Besitzes nur von geringem Wert. Und aufgrund ihrer geringen Körpergröße sind sie als Zug- oder Lasttiere nicht zu gebrauchen. In der heutigen Zeit sind Katzen für den Menschen keine große Hilfe, abgesehen davon, daß sie mit dem Hund um die Beliebtheit als ideales Haustier wetteifern und gelegentlich in Filmen oder Theaterstücken mitwirken.

Trotz der viel engeren Einbeziehung der Hunde in alle möglichen menschlichen Angelegenheiten ist die Katze in der Lage gewesen, sich die menschliche Zuneigung über alle Maßen zu erhalten. Auf den Britischen Inseln gibt es heute fast ebenso viele Katzen wie Hunde — etwa fünf Millionen Katzen gegenüber sechs Millionen Hunden. In den Vereinigten Staaten von Nordamerika ist die Relation für Katzen etwas ungünstiger; dort leben etwa 23 Millionen Katzen und 40 Millionen Hunde. Aber selbst das bedeutet eine ungeheure Population domestizierter Katzen, und außerdem sind die Zahlen höchstwahrscheinlich eher zu niedrig angesetzt. Unter diesen Katzen gibt es natürlich Mäuse- und Rattenfänger, die ihre alten Pflichten als Schädlingsvertilger erfüllen, die große Mehrheit aller domestizierten Katzen heute besteht allerdings aus Hauskatzen und freilebenden ehemaligen Hauskatzen. Unter ihnen gibt es eine Reihe von verzärtelten Zuchtkatzen mit langem Stammbaum, die meisten aber sind ganz normale Hauskatzen oder Mischlinge. Der Prozentsatz von Zuchtkatzen im Vergleich zur gewöhnlichen

Hauskatze ist vermutlich geringer als der von Rassehunden zu Promenadenmischungen. Obgleich Katzenausstellungen eine ebenso feste Einrichtung geworden sind wie Hundeausstellungen, werden doch längst nicht so viele veranstaltet, genauso wie es viel weniger verschiedene Katzenrassen gibt. Da Katzen in früheren Zeiten nicht so viele Funktionen zu erfüllen hatten wie Hunde, gab es auch damals schon viel weniger speziell ausgerichtete Züchtungen. Tatsächlich wurden Katzen bis vor kurzem so gut wie überhaupt nicht gezüchtet. Alle Katzen waren von ganz allein gute Mäuse- und Rattenfänger, und mehr wurde von ihnen nicht verlangt. Alle Abweichungen in Fellänge, Fellfarbe, Musterung oder im Körperbau entspringen einzig gewissen lokalen Vorlieben oder den Launen der Besitzer. Das hat dazu geführt, daß hinreißend hübsche Katzen gezüchtet wurden, aber man findet unter ihnen nicht im entferntesten so verblüffend und unglaublich unterschiedliche Rassen wie bei Hunden. Es gibt einfach kein Äquivalent unter den Katzen zur Dänischen Dogge oder zum Chihuahua, zum Bernhardiner oder zum Dackel. Was bleibt, sind eindrucksvolle Unterschiede in der Beschaffenheit des Fells oder in der Farbe, aber eine nur sehr geringe Variationsbreite in der Körpergröße und Körperform. Das Gewicht einer wirklich großen Katze beträgt etwa sechzehn Pfund; die kleinste ausgewachsene Katze bringt knapp drei Pfund auf die Waage. Das bedeutet, selbst wenn man die verrücktesten Extreme unter den Katzen berücksichtigt, sind die größten domestizierten Tiere nur sechsmal so schwer wie die kleinsten. Zieht man zum Vergleich die Situation unter den Hunden heran, so zeigt sich, daß ein Bernhardiner dreihundertmal soviel wie ein Yorkshire Terrier wiegen kann. Mit anderen Worten, die Gewichtsunterschiede bei Hunden sind fünfzigmal so groß wie bei Katzen.

Auch im Vergleich zwischen Hunden und Hauskatzen einerseits, sowie herrenlosen, freilebenden Tieren beider Arten andererseits, entdeckt man einen bemerkenswerten Unterschied. Während in weniger zivilisierten Gegenden streundende Hunde Rudel bilden, um sich gemeinsam zu versorgen, sich untereinander zu paaren und sich ohne menschliche Hilfe durchschlagen zu können, gibt es das in städtischen oder dicht besiedelten Gebieten kaum. Tatsächlich findet man sie im heutigen übervölkerten Europa so gut wie nirgends. Nicht einmal in ländlichen Gegenden können sie sich halten. Wenn sich dort eine wilde Hundemeute bildet, wird sie bald von bäuerlichen Interessengemeinschaften zur Strecke gebracht, um eventuellen Angriffen auf Lebensmittelvorräte zuvorzukommen. Bei freilebenden Katzenkolonien sieht die Sache anders aus. In jeder Großstadt gibt es eine große Anzahl herrenloser Katzen. Alle Versuche, sie zu vernichten, schlugen in der Regel fehl, weil immer wieder neue Streuner auftauchten. Auch wird das Bedürfnis, sich ihrer zu entledigen, nicht als so dringlich empfunden, da sie häufig zum Überleben ihre uralte Funktion als sogenannte Schädlingsvertilger wiederaufnehmen. Wo der Mensch allerdings durch Gift die Bestände an Ratten und Mäusen dezimiert hat, müssen die wilden Katzen ihren ganzen Verstand aufbieten, um dadurch zu überleben, daß sie Müllkästen plündern und weichherzige Menschen anbetteln. Viele dieser Hinterhofkatzen sind mitleiderregende Geschöpfe an der Grenze zwischen Leben und Tod. Ihre erstaunliche Widerstandskraft ist ein Zeugnis dafür, daß trotz mehrerer tausend Jahre Domestizierung die Gehirn- und Körperfunktionen der Katzen immer noch in überraschender Weise denen ihrer wilden Vorfahren ähneln.

Gleichzeitig ist aber diese Widerstandskraft schuld an vielen Leiden der Katze. Daß Katzen überleben können, wenn sie verstoßen oder ausgesetzt werden, macht es vielen Leuten leichter, dies auch zu tun. Die Tatsache, daß die meisten dieser Tiere den Rest ihres Lebens unter entsetzlichen Umständen verbringen müssen — Slumkatzen, die zwischen dem Müll und Unrat der menschlichen Gesellschaft dahinvegetieren —, mag zwar beweisen, wie klug und anpassungsfähig sie sind, ihr Dasein aber ist nichts als ein grausames Zerrbild einer katzengemäßen Existenz. Daß wir diese Zustände dulden, ist ein Beweis mehr dafür, wie schändlich wir laufend unseren alten Vertrag mit der Katze brechen. Im Vergleich dazu allerdings, mit wieviel Brutalität wir sie Jahrhunderte lang gequält und gepeinigt haben, erscheint unsere Gleichgültigkeit heute gegenüber dem Schicksal ausgestoßener Katzen noch als das kleinere Übel. Oft mußten Katzen den Sündenbock spielen für unterdrückte menschliche Aggressionen, und zwar in einem solchen Maße, daß es in England zu der Redensart »... und der Laufjunge tritt dann die Katze« kam, als Metapher dafür, wie in der Hackordnung der menschlichen Gesellschaft Schelte an sozial niedriger stehende Opfer weitergegeben und an diesen abreagiert wird, wobei sich die Katze ganz unten am Fuß der Leiter befindet.

Dem kann man zum Glück entgegenhalten, daß die meisten Familien, die Hauskatzen halten, diese liebevoll und mit Rücksicht behandeln. Katzen verstehen es, die Zuneigung ihrer Besitzer zu gewinnen, nicht nur durch ihr jungkatzenartiges Verhalten, sondern auch einfach durch ihre Anmut. Ihre Eleganz und ihre Gelassenheit bestechen das menschliche Auge. Für einen empfindsamen Menschen ist es eine wahre Wohltat, wenn eine Katze einen Raum mit ihm teilt, flüchtige Blicke mit ihm tauscht, sich zur Begrüßung an ihm reibt und zu beobachten, wie sie es sich auf einem weichen Kissen gemütlich macht, zusammenrollt zu einer schlummernden, atmenden Kugel. Und für Millionen einsamer Menschen, von denen viele körperlich nicht dazu in der Lage wären, lange Spaziergänge mit einem lebhaften Hund zu unternehmen, ist die Katze der beste Gefährte. Insbesondere für Menschen, die gezwungen sind, in vorgerücktem Alter allein zu leben, verspricht die Gesellschaft einer Katze reiche

Belohnung. Jene verkniffenen Puritaner, die mit gefühlloser Gleichgültigkeit und steriler Selbstsüchtigkeit versuchen, alle Formen der Haustierhaltung in der modernen Gesellschaft abzuschaffen, würden gut daran tun, sich zu besinnen und zu begreifen, welchen Schaden sie damit anrichten würden.

Damit komme ich zum Zweck meines Buches. Als Zoologe habe ich im Laufe der Zeit fast alle Mitglieder der Katzenfamilie schon einmal in meiner Obhut gehabt, vom großen Tiger bis zu winzigen Tigerkatzen, vom starken Leoparden bis zu winzigen Leopardenkätzchen, vom mächtigen Jaguar bis zur seltenen kleinen Wieselkatze. Bei mir zu Hause gab es fast immer eine domestizierte Hauskatze, die mich bei der Heimkehr freudig begrüßte. Als Kind habe ich in der Grafschaft Wiltshire auf dem Lande gelebt. Ich verbrachte viele Stunden im Gras liegend und beobachtete die Bauernkatzen, wie sie sich mit der Sicherheit von Experten an ihre Beute heranpirschten, oder ich kundschaftete ihre Nester auf dem Heuboden aus, wo sie ihre quirligen Jungen säugten. Ich entwickelte mich schon früh zum Katzenbeobachter und bin es jetzt fast ein halbes Jahrhundert lang geblieben. Wegen meiner beruflichen Beschäftigung mit Tieren werden mir laufend Fragen gestellt über das Verhalten von Katzen, und ich bin zutiefst verwundert, wie wenig die meisten Menschen über diese interessanten Tiere zu wissen scheinen. Selbst solche, die in ihre eigene Hauskatze völlig vernarrt sind, besitzen oft nur eine vage Ahnung von deren komplexem Sozialverhalten, Sexualleben, von ihren Aggressionen oder ihren Fähigkeiten als Jäger. Sie kennen die Stimmungslagen ihrer Katze genau und berücksichtigen sie auch, aber sie befassen sich immer nur mit dem, was sie von ihrer Katze zu sehen bekommen. In gewissem Maß ist es nicht einmal ihre Schuld, denn ein großer Teil der Verhaltensweisen der Katze findet nur außerhalb der häuslichen vier Wände, der Küche und des Wohnzimmers, statt. Deshalb hoffe ich, daß selbst Menschen, die das Gefühl haben, ihre eigene Katze genauestens zu kennen, noch etwas dazulernen können über ihre reizenden Gefährten, wenn sie diese Seiten lesen.

Die Methode, die ich gewählt habe, besteht darin, daß ich eine Reihe grundsätzlicher Fragen stelle, auf die ich dann einfache, direkte Antworten gebe. Es gibt eine große Anzahl guter Standardbücher über Katzen mit allen erforderlichen Einzelheiten über Ernährung, Haltung und tierärztliche Versorgung, kombiniert mit klassifizierten Listen über die verschiedenen Zuchtkatzen und ihre Charakteristika. Diese Informationen werde ich in meinem Buch nicht wiederholen. Statt dessen habe ich versucht, eine andere Art von Katzenbuch zu schreiben: eines, das sich auf das Verhalten der Katzen konzentriert und Antwort gibt auf Fragen, mit denen ich jahrelang konfrontiert wurde. Wenn mir das gelungen ist, werden Sie, wenn Sie wieder eine Katze aufnehmen, fähig sein, die Welt auf eine Katzen angemessenere Art zu sehen. Und wenn Sie erst einmal damit angefangen haben, werden Sie feststellen, daß Sie sich immer mehr Fragen stellen über deren faszinierende Welt, und — wer weiß — vielleicht entwickeln Sie sich dabei selbst zu einem ernsthaften, echten Katzenbeobachter und Katzenkenner.

Die Katze

Wir wissen mit Sicherheit, daß Katzen bereits vor 3500 Jahren völlig domestiziert waren. Den Beweis dafür liefern Fresken und Hieroglyphenschriften aus dem alten Ägypten. Aber wir wissen nicht, wann dieser Prozeß anfing. Überreste von Katzen wurden bei Ausgrabungen in Jericho gefunden. Sie sind 9000 Jahre alt, nur gibt es keinen Beweis dafür, daß diese Katzen bereits domestiziert waren. Das Problem liegt darin, daß das Skelett wilder Katzen sich nur ganz geringfügig von dem zahmer Tiere unterscheidet. Nur wenn uns ins einzelne gehende Beschreibungen und detaillierte Abbildungen — Gemälde oder Plastiken wie aus dem alten Ägypten — zur Verfügung stehen, können wir mit Gewißheit sagen, ob es sich schon um domestizierte Katzen handelte oder noch um wilde.

Eines steht fest: Vor der »Neolithischen Revolution«, dem Beginn von Ackerbau und Viehzucht in der Neusteinzeit, fand — anders als beim Hund — noch keine Zähmung von Katzen statt. Hunde spielten schon eine entscheidende Rolle, bevor die Menschen anfingen, Ackerbau zu betreiben. Die prähistorischen Jäger des Paläolithikums, der Altsteinzeit, verstanden es bereits, sich ihrer vierbeinigen Jagdgefährten mit der hervorragenden Witterung und dem feinen Gehör zu bedienen. Katzen aber waren für die Menschen der Frühzeit wertlos, solange sie noch nicht dazu übergegangen waren, Ackerbau zu betreiben und größere Vorräte an Nahrungsmitteln anzulegen. Insbesondere die Getreidelager müssen unübersehbare Scharen von Ratten und Mäusen angelockt haben, kaum daß die Jäger seßhaft geworden waren, um Landwirtschaft zu betreiben. In den frühen Städten, in denen größere Vorratslager an Getreide angelegt werden mußten, war es für die menschlichen Aufpasser ein Ding der Unmöglichkeit, den Mäusen aufzulauern und nennenswerte Mengen zu töten und zu vernichten, um so ihrer weiteren

Vermehrung Einhalt zu gebieten. Die verheerende Heimsuchung von Nagetieren dürfte eine der ersten Plagen gewesen sein, die der Stadtbewohner kennenlernte. Jedes Raubtier, dessen natürliche Beute diese Ratten und Mäuse waren, mußte ihm als ein Geschenk des Himmels erscheinen.

Man kann sich gut vorstellen, wie eines Tages irgend jemand zufällig entdeckte, daß sich ein paar wilde Katzen in der Nähe der Getreidelager herumtrieben und anfingen, Mäuse zu jagen. Was lag näher, als sie zu dieser segensreichen Tätigkeit zu ermutigen? Für die Katzen muß die neue Situation traumhaft gewesen sein. Um sie herum ein lebendes Festmahl, eine nie gekannte Fülle von Nahrung. Vorbei das endlose Warten im Versteck. Alles, was sie noch zu tun hatten, war ein lässiger Spaziergang in die Nähe der Getreidelager, wo sie ein Supermarkt für Gourmets in Gestalt vieler dicker, fetter, mit bestem Getreide ernährter Nagetiere erwartete. Von diesem Zustand bis zur gezielten Haltung und Aufzucht der Katzen für die verstärkte Schädlingsbekämpfung kann es nur noch ein kleiner Schritt gewesen sein, denn er war ja für beide Seiten buchstäblich ein Segen.

Für uns heute mit unseren wirksamen modernen Methoden der Schädlingskontrolle ist es nicht leicht, uns die Bedeutung der Katze für diese frühen Zivilisationen vorzustellen. Einige wenige Hinweise über das Verhältnis der alten Ägypter zu ihren geliebten Katzen verdeutlichen den Stellenwert, der ihnen damals zugemessen wurde. Sie wurden beispielsweise als heilige Tiere verehrt; wer eine Katze umbrachte, mußte mit der Todesstrafe rechnen. Wenn in einem Haus eine Katze auf natürliche Weise starb, mußten alle Angehörigen der Familie Trauer tragen, dazu gehörte auch das Abrasieren der Augenbrauen.

Nach dem Tode wurde die ägyptische Hauskatze zeremoniell einbalsamiert, der Kadaver wurde in verschiedenfarbige Tücher eingehüllt und das Gesicht mit einer fein gearbeiteten Maske aus Holz bedeckt. Einige wurden in Holzsärge in Form eines Katzenkörpers gebettet, andere in Körbe aus geflochtenem Stroh. Sie wurden buchstäblich zu Millionen auf den riesigen Katzenfriedhöfen bestattet.

Die Katzengöttin hieß Bastet nach der Stadt Bubastis, in der der wichtigste Katzentempel lag. Dort versammelten sich jedes Frühjahr etwa eine halbe Million Menschen, um das heilige Fest der Bastet zu feiern. Bei jedem dieser Feste wurden rund einhunderttausend mumifizierte Katzen zu Ehren der jungfräulichen Katzengöttin bestattet, die möglicherweise als Vorbild für die Jungfrau Maria anzusehen ist. Diese Feste der Bastet galten als die populärsten und bestbesuchten im alten Ägypten — ein Erfolg, der vielleicht auf die dazugehörigen wilden, orgiastischen Kultzeremonien und rituellen Ekstasen zurückzuführen ist. Der Katzenkult war offenbar so beliebt, daß er sich fast zweitausend Jahre lang behauptete. Offiziell wurde er erst im Jahre 390 n. Chr. verboten, aber zu dieser Zeit befand er sich bereit in totalem Zerfall. Zu seiner Blütezeit jedoch zeigte er, welch unermeßlicher Wertschätzung sich die Katze in jener antiken Hochkultur erfreute. Die vielen hübschen Bronzestatuetten von Katzen, die die Jahrtausende überdauert haben, legen Zeugnis ab von der Begeisterung der Ägypter für die anmutige Schönheit dieser Tiere.

Einen traurigen Gegensatz zu der alten Verehrung der Katze bildet die vandalistische Zerstörung der Katzenfriedhöfe durch die Engländer im vorigen Jahrhundert. Ein Beispiel mag genügen: Eine Fracht von dreihunderttausend ausgegrabenen Katzenmumien wurde nach Liverpool eingeschifft, wo sie zu Dünger verarbeitet auf den Feldern der umliegenden Bauernhöfe ihr Ende fanden. Ein einziger Katzenschädel ist aus dieser Episode übrig geblieben und befindet sich jetzt im Britischen Museum.

Die Ägypter hätten früher wahrscheinlich dreihunderttausend Todesurteile für ein derartiges Sakrileg gefordert, haben sie doch einst einen römischen Soldaten in Stücke gerissen, weil er eine Katze verletzt hatte. Sie verehrten ihre Katzen nicht nur, sie verboten sogar ausdrücklich ihren Export. Das führte zu wiederholten Versuchen, sie außer Landes zu schmuggeln, denn sie wurden als Hauskatzen hochgeschätzt. Die Phönizier, die das antike Äquivalent zu unseren Gebrauchtwagenhändlern darstellten, betrachteten »Catnapping«, also Katzenentführungen, als eine sportliche Herausforderung und brachten die kostbaren Hauskatzen per Schiff in die Länder rings ums Mittelmeer, wo sie an die Reichen und Wohlhabenden verkauft wurden. Das mag die Ägypter verärgert haben, für die Katzen jener Frühzeit bedeutete es aber eher positive Veränderungen, brachte es sie doch als Wertobjekte, die pfleglich zu behandeln waren, in neue Gefilde.

Durch die Nagetierplagen, die Europa überfluteten, nahm das Renommee der Katzen als Schädlingsvertilger weiter zu, und sie breiteten sich rapide über den ganzen Kontinent aus. Das war vor allem den Römern zu verdanken, die schließlich die Katze auch nach England brachten. Wir wissen, daß sie in den folgenden Jahrhunderten hier gut behandelt wurde, und zwar auf Grund der Strafen, die auch hier für das Töten einer Katze verhängt wurden. Sie waren zwar nicht so extrem wie im alten Ägypten, betrugen aber immerhin nicht selten den Gegenwert eines Lamms oder eines Schafes. Die Strafe, die ein walisischer König im 10. Jahrhundert ersann, läßt erkennen, was der Tod einer Katze für ihn bedeutete. Der Kadaver des Tieres wurde am Schwanz so aufgehängt, daß seine Nase gerade den Boden berührte, und die Buße seines Mörders bestand darin, so viel Getreide über den toten Körper anzuhäufen, daß er vollständig damit bedeckt war. Die Beschlagnahme dieses Getreides gab jedem ein klares Bild von dem Wert einer arbeitenden Katze als Hüterin des Getreides vor dem verheerenden Appetit der Ratten und Mäuse.

Aber die guten Zeiten für die Katze sollten nicht von Dauer sein. Im Mittelalter mußte sie überall in Europa mehrere Jahrhunderte lang Qualen, Marter und Tod ertragen — auf Anstiftung der christlichen Kirche. Weil Katzen in früheren heidnischen Ritualen eine Rolle gespielt hatten, wurden sie öffentlich zu Geschöpfen des Teufels erklärt, zu Abgesandten des Satans und Vertrauten der Hexen. Überall wurden Christen aufgefordert, ihnen soviel Schmerz und Leid zuzufügen wie nur möglich. Die Heiligen waren zu Verdammten geworden. Katzen wurden öffentlich bei lebendigem Leibe verbrannt — an christlichen Feiertagen. Hunderte und Tausende von ihnen wurden geschunden, gekreuzigt, totgeschlagen, geröstet und aus den höchsten Luken der Kirchtürme geworfen — auf Anstiftung der Kleriker, als Teil einer lästerlichen Reinigung von nur in ihrer Phantasie bestehenden Feinden Christi.

Glücklicherweise ist das einzige Überbleibsel, das heute noch an jene grauenvolle Periode in der Geschichte der domestizierten Katze erinnert, der tiefeingewurzelte Aberglaube, daß schwarze Katzen Glück bringen, wenigstens in England. Der Hintergrund dieser Vorstellung bleibt im unklaren, und wenn man von Land zu Land reist, wechselt die Prognose vom Guten zum Bösen, was ziemlich viel Verwirrung verursacht. In England gilt eine schwarze Katze als Glücksbote, während sie in Amerika und auf dem europäischen Kontinent im allgemeinen als Unglücksbote angesehen wird. In einigen Gegenden scheint dieser Aberglaube noch immer sehr ernstgenommen zu werden. Vor einigen Jahren etwa fuhr ein wohlhabender Restaurantbesitzer spät in der Nacht heim zu seinem Haus im Süden von Neapel, als plötzlich eine schwarze Katze vor seinem Wagen über die Straße lief. Er stoppte sofort und parkte am Straßenrand. Er konnte einfach nicht weiterfahren, bevor die Katze zurückkehrte und das böse Omen damit wieder aufhob. Als eine vorbeikommende Polizeistreife ihn so spät in der Nacht in der einsamen Straße parken sah, fuhren die Polizisten heran und fragten ihn nach dem Grund. Als sie die Ursache erfahren hatten, erwies sich auch ihr Aberglaube in bezug auf die Katze so stark, daß sie sich gleichfalls weigerten weiterzufahren, aus Angst, Unglück auf sich zu ziehen. So blieben auch sie in ihrem Wagen sitzen und warteten, daß die Katze zurückkehrte.

Obgleich dieser und ähnliche Aberglauben immer noch lebendig sind, ist die Katze heute wieder — wie im alten Ägypten — ein äußerst beliebtes Haustier. Die grausame Verfolgung durch die Kirchen wurde seit langer Zeit von normal empfindenden Menschen abgelehnt, und im 19. Jahrhundert brach eine neue Phase der Katzenverehrung an: Es wurden Wettbewerbe und Zuchtausstellungen veranstaltet und damit Züchtungen von Stammbaumkatzen vorangetrieben.

Wie bereits erwähnt, wurden Katzen nie in so vielen unterschiedlichen Arten oder für so viele verschiedene Aufgabenbereiche gezüchtet wie der Hund. Es gab zwar eine Reihe von lokalen Entwicklungen, bei denen sich bestimmte Varianten in Farbe, Muster und Fellänge ausprägten, die aber eher zufällig in verschiedenen Ländern entstanden. Im 19. Jahrhundert fingen Reisende dann an, fremdartige Katzen, die sie unterwegs sahen, zu sammeln und ins Viktorianische England mitzubringen. Dort züchteten sie die Tiere sorgfältig weiter, um ihre speziellen Charakteristika zu verstärken. Katzenausstellungen wurden außerordentlich beliebt, und während der letzten 150 Jahre wurden mehr als 100 verschiedene Zuchtrassen in Europa und Nordamerika standardisiert und registriert.

Alle diese modernen Zuchtformen gehören aber offenbar einer einzigen Spezies an: der *felis sylvestris,* der Wild- oder Waldwildkatze. Man kann sie untereinander und auch mit allen Rassen der wilden *sylvestris* kreuzen. Zu Beginn der Domestizierung der Katze fingen die Ägypter damit an, den nordafrikanischen Zweig der *felix sylvestris* zu zähmen. Bis vor kurzem hielt man diesen für eine eigene Spezies, die man *felix lybica* oder Falbkatze nannte. Heute wissen wir, daß es sich nur um eine bestimmte Rasse handelt, die jetzt als *felis sylvestris lybica* bezeichnet wird. Sie ist kleiner und schlanker als die europäische Rasse der Wildkatzen und war offensichtlich leichter zu zähmen. Aber als die Römer Europa eroberten und ihre domestizierten Katzen mitbrachten, vermischten sich einige von ihren Tieren mit den im Norden heimischen Wildkatzen und zeugten mit ihnen schwerere, robustere Nachkommen. Einigen heutigen Katzen ist diese Herkunft deutlich anzusehen — beispielsweise den großen, stämmigen, getigerten und gefleckten, während andere eher schlank und langgestreckt sind, wie die vielen verschiedenen Zuchtformen der Siamesen. Es ist wahrscheinlich, daß die Siamkatzen und alle anderen schlanken Zuchtkatzen der ursprünglichen ägyptischen Hauskatze näher verwandt sind. Ihre domestizierten Vorfahren wurden über die ganze Welt verstreut, und zwar ohne jeden Kontakt zur schwergebauten nördlichen Wildkatze.

Obwohl die Meinungen darüber noch immer auseinandergehen, wird es heute als äußerst unwahrscheinlich angesehen, daß eine andere Spezies von Wildkatzen etwas mit der Geschichte der modernen domestizierten Katzen zu tun hatte. Wir wissen definitiv, daß im alten Ägypten noch eine andere, größere Katze, *felis chaus,* die Rohr- oder Dschungelkatze, gehalten wurde, aber sie scheint schon früh aus dem Rennen ausgeschieden zu sein. Es ist jedoch sicher, daß sie ursprünglich ein ernsthafter Konkurrent war bei der Auswahl der zu domestizierenden Katze. Untersuchungen von mumifizierten Katzen haben nämlich gezeigt, daß einige von ihnen die wesentlich größeren Schädel der Rohrkatze aufwiesen. Aber obwohl die Rohrkatze in Gefangenschaft zu den zutraulicheren Katzentieren gehört, ist sie einfach riesig, selbst im Vergleich mit den stämmigsten modernen domestizierten Katzen. Deshalb ist es sehr unwahrscheinlich, daß sie in der späteren Geschichte der Domestizierung eine Rolle gespielt hat.

Hier ist nicht der Ort, genauere Einzelheiten über die moderne Katzenzucht zu erläutern, aber eine kurze Einführung in ihre Geschichte wird uns helfen, eine Vorstellung davon zu bekommen, wie die Rassekatzen, die heute so viele Liebhaber finden, zustande kamen.

Zu den ältesten Zuchtkatzen gehören die verschiedenen Kurzhaarkatzen, Abkömmlinge der Tiere, die von den Römern in ganz Europa verbreitet wurden. Dann stoßen wir auf eine große Lücke bis zum 16. Jahrhundert, als Schiffe aus dem Orient auf der Isle of Man landeten und eine fremdartige, schwanzlose Katze mitbrachten, die berühmte Manxkatze. Wegen ihres kuriosen, verstümmelten Erscheinungsbildes wurde diese Zucht nie sehr populär, obwohl sie immer noch ihre Anhänger hat. Etwa zur gleichen Zeit gelangte die erste Langhaarkatze, die wunderschöne Angora, aus ihrer türkischen Heimat nach Europa. Später, in der Mitte des 19. Jahrhunderts, wurde sie in den Schatten gestellt von der noch aufsehenerregenderen Perserkatze aus Kleinasien mit ihrem unwahrscheinlich langen, seidigen Fell.

Dann traf im späten 19. Jahrhundert die langgestreckte schlanke Siamkatze aus dem Fernen Osten ein, ein vollkommen andersgeartetes Tier. Mit ihrer unvergleichlichen Persönlichkeit, viel extravertierter als andere Katzen, sprach sie einen ganz anderen Typus von Katzenbesitzern an. Während die Perserkatze ein vollkommener Kindersatz ist — rund, kuschelig, mit infantilem, flachem Gesichtchen —, entpuppte sich die Siamkatze als aktive Gefährtin.

Um die gleiche Zeit, zu der die Siamkatze bei uns auftauchte, wurde aus Rußland die elegante Russisch-Blau importiert und die lohfarbene, wild aussehende Abessinierkatze, die heute als Äthiopische Katze geführt wird.

In unserem Jahrhundert wurden in den dreißiger Jahren die dunkle Burmakatze in die Vereinigten Staaten und von dort nach England eingeführt. In den sechziger Jahren erschienen als Folge spontaner Mutationen mehrere ungewöhnliche Züchtungen: die bizarre Sphinxkatze, eine Nacktkatze aus Kanada; die kräuselhaarige Rexkatze aus Devon und Cornwall und die Schottische Hängeohrkatze. In den siebziger Jahren gelangte die Japanische Bobtailkatze mit ihrem lustigen Stummelschwanz in die USA, die wie eine Halbmanxkatze aussieht; die gekräuselte Drahthaarkatze entwickelte sich in Amerika aufgrund von Mutation, und die winzige »Gullykatze«, so genannt, weil Abflußröhren in ihrer katzenfeindlichen Heimat Singapur ein gutes Versteck für sie darstellten, erschien auf der amerikanischen Szene und erhielt den exotischen Namen Singapura.

Schließlich ist da noch die ungewöhnliche »Ragdollkatze«, die das seltsamste Temperament aller Katzen aufweist. Wenn man sie hochnimmt, hängt sie schlaff im Arm wie eine Stoffpuppe. Sie ist so phlegmatisch, daß man den Eindruck hat, sie stünde ständig unter Drogen. Nichts auf der Welt bringt sie aus der Ruhe. Es scheint ziemlich angemessen, daß diese Katze ausgerechnet in Kalifornien gezüchtet wurde, denn sie hat ganz sicher etwas von einem Hippie-Kätzchen der Flower-Power-Bewegung an sich.

Dies ist natürlich alles andere als eine ausführliche Aufzählung; es gibt aber wohl doch einen gewissen Einblick in die Vielfalt der bei den Zuchtenthusiasten entstandenen Katzen. Unter den erwähnten Züchtungen gibt es jeweils eine große Bandbreite verschiedener Variationen und verschiedener Farbschläge, wodurch bei den Katzenschauen das Angebot erheblich erweitert wird um alle möglichen Unterabteilungen der einzelnen Rassen. Immer wieder treten neue Katzentypen auf, und dann fliegt das Fell — nicht weil die Katzen gegeneinander zum Kampf antreten, sondern weil es zu unnötigen Zänkereien kommt zwischen den Züchtern der neuen Katzen und den übertrieben selbstherrlichen Autoritäten, die die wichtigen Katzenausstellungen beherrschen. Die letzte Züchtung, die sich den heiß umkämpften Eintrag als Rassekatze erkämpfte, war die oben erwähnte Ragdollkatze. Als ideal für Behinderte wird sie von ihren Verteidigern bezeichnet; viel zu anfällig für Verletzungen behaupten ihre Gegner.

Um die Sache noch mehr zu verwirren, gibt es grundsätzlich unterschiedliche Auffassungen zwischen den verschiedenen Autoritäten der großen Katzenzuchtvereine. Der Vorstand der englischen »Cat Fancy« erkennt andere Züchtungen an als die »Cat Fanciers' Association« in Amerika, und beide Organisationen geben manchmal der gleichen Spielart ganz verschiedene Namen. Nichts von alledem richtet allerdings wirklich größeren Schaden an. Es hat einfach den Effekt, die allgemeine Erregung mit heißen Debatten und Argumenten noch weiter anzuheizen, während die Zuchtkatzen nur profitieren können von dem gesteigerten Interesse, das man ihnen entgegenbringt.

Die Ernsthaftigkeit, mit der konkurrierende Katzenausstellungen betrieben werden, trägt auch dazu bei, den Status aller Katzen zu heben, so daß auch die normale Hauskatze auf lange Sicht dabei gewinnt. Und sie stellt nach wie vor die überwiegende Mehrheit aller domestizierten Katzen dar, weil für die meisten Menschen eine Katze nun mal eine Katze ist, wie Gertrude Stein gesagt haben könnte. Alle Unterschiede, mögen sie auch faszinierend wirken, bleiben doch sehr an der Oberfläche. Jede einzelne Katze besitzt ein altes Erbe von ganz ungewöhnlichen Fähigkeiten der Sinne, wunderbaren Lautäußerungen, von Körpersprache, Geschicklichkeit im Jagdverhalten und ein reichhaltiges Repertoire im territorialen und sexuellen Wettbewerb sowie einen hingebungsvollen elterlichen Pflegetrieb. Die Katze ist ein Tier, das voller Überraschungen steckt, wie auf den folgenden Seiten noch zu sehen sein wird.

Warum schnurren Katzen?

Die Antwort scheint naheliegend zu sein. Eine schnurrende Katze ist eine zufriedene Katze. Es muß einfach so sein. Aber es stimmt nicht. Vielfältige Beobachtungen haben immer wieder gezeigt, daß Katzen auch bei großem Schmerz, in verletztem Zustand, in den Wehen und selbst noch in der Todesstunde oft laut und anhaltend schnurren. Und diese Katzen kann man wohl schwerlich als zufrieden bezeichnen. Natürlich stimmt es, daß zufriedene Katzen auch schnurren, aber Zufriedenheit ist auf keinen Fall die einzige Voraussetzung für Schnurren. Eine genauere Deutung, die auf alle diese Fälle zutrifft, kommt zu dem Ergebnis, daß Schnurren eine freundliche, sozial aufgeschlossene Stimmungslage ausdrückt. Es kann sich also — sagen wir mal — auch an einen Tierarzt richten, wenn eine verletzte Katze spürt, daß sie dringend auf dessen Wohlwollen angewiesen ist, oder an den Besitzer als Dank für erwiesene Freundschaft.

Das erste Schnurren bei einem Katzenjungen wird hörbar, wenn es kaum eine Woche alt ist, und zwar beim Säugen. Es dient dann als Signal an die Katzenmutter, daß alles in Ordnung ist und der Milchstrom seinen Bestimmungsort erreicht hat. Die Mutterkatze kann ruhig daliegen, dem dankbaren Schnurren lauschen, und weiß, ohne hinzuschauen, daß alles nach Wunsch verläuft. Aber auch sie schnurrt dabei, und teilt ihren Kätzchen dadurch mit, daß sie in entspannter, freundlicher Stimmung ist. Schnurren erwachsene Katzen sich gegenseitig oder ihr Frauchen/Herrchen an, so ist dieses Schnurren mit großer Sicherheit ein Sekundäreffekt, der sich aus dem primären Eltern-Kind-Zusammenhang herleitet.

Ein wichtiger Unterschied zwischen Kleinkatzen wie unserer domestizierten Spezies und Großkatzen wie Löwen und Tigern besteht darin, daß die letzteren nicht richtig schnurren können. Ein Tiger begrüßt einen zwar mit einem freundlichen »Ein-Weg-Schnurren«, aber er kann das »Zwei-Weg-Schnurren« der domestizierten Katze nicht erzeugen, bei dem ein schwirrendes Geräusch nicht nur bei jedem Ausatmen hervorgebracht wird, wie es auch der Tiger fertigbringt, sondern auch bei jedem Einatmen. Dieses Zwei-Weg-Schnurren beim Ein- und Ausatmen bringen Katzen auch mit geschlossenem Maul (oder mit der milchspendenden Zitze der Mutter darin) zustande und sie können es mühelos stundenlang durchhalten, wenn die entsprechenden Voraussetzungen gegeben sind. In dieser Hinsicht haben Kleinkatzen ihren riesigen Verwandten etwas voraus, dafür verfügen Großkatzen aber über eine andere Fähigkeit: Sie können brüllen. Das kann eine Kleinkatze nicht.

Warum lassen sich Katzen so gern streicheln?

Weil sie die Menschen als »Mutterkatzen« betrachten. Katzenkinder werden von ihrer Mutter in den ersten Lebenstagen immer wieder abgeleckt, und das Streicheln der menschlichen Hand erzeugt auf dem Fell fast das gleiche Gefühl wie das Lecken der Katzenzunge. Für junge Katzen bedeutet die Mutter: jemand, der sie füttert, säubert und beschützt. Weil

Menschen das gleiche für ihre vierbeinigen Lieblinge tun, selbst wenn deren Jugendzeit schon weit zurückliegt, werden domestizierte Katzen nie ganz erwachsen. Sie mögen zwar völlig ausgewachsen sein und ihre sexuelle Reife erlangt haben, aber in der Beziehung zu ihren menschlichen Besitzern bleiben sie, auch in ihrer eigenen Vorstellungswelt, Katzenkinder.

Aus diesem Grund behalten Katzen — auch ältere Tiere — die Angewohnheit bei, mütterliche Zuneigung von ihren Besitzern zu erbetteln, indem sie sich an sie schmiegen und sie lange anstarren, in Erwartung der pseudomütterlichen Hand, die wie eine riesige Zunge wieder anfangen soll, ihr Fell zu streicheln oder darin zu spielen. Eine sehr charakteristische Körperreaktion, die sie zeigen, wenn sie gestreichelt werden, ist das steile Aufrichten des Schwanzes, so als ob sie ihre Mutter begrüßen wollten. Das ist eine typische Reaktion bei jungen Katzen, während die leibliche Mutter sich um sie kümmert, und es stellt zugleich eine Einladung an sie dar, ihre Analregion zu inspizieren.

Warum reißen sie Fäden aus dem Bezug Ihres Lieblingssessels?

Die Antwort lautet gewöhnlich, daß die Tiere ihre Krallen schärfen wollen. Das ist richtig, aber nicht so, wie die meisten Menschen es sich vorstellen. Sie nehmen an, das Wetzen stumpf gewordener Krallen geschehe ungefähr so, wie sie selber ein stumpf gewordenes Messer behandeln. In Wirklichkeit geht es aber darum, alte, ausgediente Krallenhüllen abzustreifen, unter denen neue glänzende Krallen zum Vorschein kommen. Der Vorgang ähnelt mehr dem Sich-Häuten einer Schlange als dem Schärfen von Küchenmessern. Manchmal findet man, wenn man mit der Hand über die Stelle streicht, an der die Katze an dem Möbelstück gekratzt hat, etwas, das man für eine ausgerissene Kralle halten könnte. Sie befürchten dann, daß Ihr Tier sich unglücklicherweise mit der Kralle in dem vielleicht zu unnachgiebigen Material verfangen und sich dabei die Pfote verletzt haben könnte. Aber die »ausgerissene Kralle« ist nichts weiter als die alte Außenhülle, die abgeworfen werden mußte.

Katzen vollführen dieses heftige Abstreifen nie mit der Hinterpfote, da nehmen sie die Zähne, um die alten Hüllen von den Krallen der Zehen an der Hinterpfote abzukauen.

Eine zweite wichtige Funktion des Abstreifens der Krallenhüllen an den Vorderpfoten ist das Trainieren und Kräftigen der Einzieh- und Ausstreckmechanismen der Krallen, die beim Beutefang, beim Kampf gegen Rivalen und beim Klettern von lebenswichtiger Bedeutung sind.

Eine dritte Funktion, die die meisten Menschen nicht einmal vermuten würden, ist die Duftmarkierung. Die Katze besitzt an der Unterseite der Vorderpfoten Duftdrüsen, die beim Kratzen kräftig an dem Bezug des Möbelstücks gerieben werden. Und deshalb ist es ausgerechnet unser Lieblingssessel, der die besondere Aufmerksamkeit unserer Katze erregt und »aushalten« muß. Die Katze reagiert nämlich auf unseren Körpergeruch und möchte ihm ihren eigenen hinzufügen. Viele Menschen kaufen einen teuren Kratzbaum in der Zoohandlung, der sorgfältig mit einem für Katzennasen verführerischen Geruch imprägniert wurde, um ihn attraktiver zu machen, und sind dann bitter enttäuscht, wenn die Katze ihn bald ignoriert und weiterhin an den Möbeln kratzt. Wenn man ein altes getragenes Sweat-Shirt über den Kratzbaum hängt, ist das eventuell die Lösung des Problems. Falls die Katze aber bereits einen bestimmten Sessel oder ein anderes Möbelstück zu ihrem Abstreifplatz erwählt hat, ist es außerordentlich schwer, ihre angestammten Gewohnheiten zu ändern.

In ihrer Ratlosigkeit greifen manche Katzenbesitzer auf die grausame Praxis zurück, den Katzen die Krallen zu entfernen. Abgesehen von den großen Schmerzen, die diese Prozedur der Katze bereitet, richtet sie auch psychisch schweren Schaden bei dem Tier an, denn es wird dadurch entscheidend beim Klettern behindert, was sich bei jeder Verfolgungsjagd verhängnisvoll auswirkt, ebenso beim Jagen und selbst in den Sozialbeziehungen der Katzen untereinander. Eine Katze ohne Krallen ist keine richtige Katze.

Warum rollt sich eine Katze auf den Rücken, wenn sie Sie sieht?

Wenn Sie in ein Zimmer kommen, in dem eine Katze schlafend am Boden liegt, und Sie sie mit ein paar freundlichen Worten begrüßen, antwortet sie vielleicht damit, daß sie sich auf den Rücken rollt, ihre Beine so weit ausstreckt wie nur irgend möglich, gähnt, die Krallen ausstreckt und einzieht und sanft mit der Schwanzspitze zuckt. Während all dieser Aktionen starrt sie Sie an und versucht, Ihre Stimmung zu erkunden. Dies ist eine passive, freundliche Begrüßung auf Katzenart, die sie nur gegenüber engen Vertrauten anwendet. Nur wenige Katzen würden eine solche Begrüßung riskieren, wenn eine fremde Person den Raum betritt, weil die Position mit dem Bauch nach oben das Tier in höchstem Grade wehrlos und angreifbar macht. Diese Geste ist in der Tat die Quintessenz aller Freundschaftsbezeugung. Die Katze sagt damit ausdrücklich: »Ich rolle mich herum, um dir meinen Bauch zu zeigen und damit zu demonstrieren, daß ich dir genügend vertraue, um diese höchst verletzliche Stellung in deiner Gegenwart einzunehmen.«

Eine unternehmungslustigere Katze würde zur freundlichen Begrüßung rasch auf Sie zulaufen und sich an Ihnen reiben, aber eine Katze in fauler, schläfriger Stimmung zieht es vor, nur ihre Unterseite zur Schau zu stellen. Das gleichzeitige Gähnen und Sichstrecken des Tieres spiegelt seine Schläfrigkeit wider — eine Schläfrigkeit, in der es allerhöchstens dazu bereit ist, sich auf den Rücken zu rollen, aber zu nichts anderem. Das leichte Zucken des Schwanzes zeigt an, daß sich eine minimale Konfliktsituation entwickelt — zwei einander entgegengesetzte Bestrebungen entstehen. Eine ist, ausgestreckt liegen zu bleiben, die andere, aufzuspringen und sich dem Ankömmling freundlich zu nähern.

Es ist übrigens keineswegs immer sicher, daß eine Katze, die auf diese Weise ihren Bauch präsentiert, Ihnen auch erlauben würde, ihr die weiche Unterseite zu streicheln. Es mag so aussehen, als ob sie es geradezu anbietet, aber häufig wird der Versuch, mit streichelnder Hand auf dieses Angebot zu reagieren, mit einem ärgerlichen Schlag der Pfote abgewehrt. Die Bauchregion wird von der Katze in der Regel so gut geschützt, daß sie eine sanfte Berührung oft schon als unangenehm empfindet, mit Ausnahme einiger seltener Beziehungen, in denen die Katze und ihr menschlicher Besitzer ein außerordentlich hohes Maß an Vertrautheit miteinander entwickelt haben. Eine solche Katze vertraut ihrer menschlichen Familie dann so weitgehend, daß sie fast alles mit sich machen läßt. Aber für die eher typische, vorsichtige Katze hören die Annäherungen und Vertraulichkeiten meist bei den Weichteilen auf.

Warum reibt sich die Katze zur Begrüßung an Ihren Beinen?

Zum Teil, um freundlichen Körperkontakt mit Ihnen aufzunehmen, aber das ist bei weitem nicht alles. Die Katze fängt im allgemeinen damit an, daß sie den Kopf oberhalb der Stirn oder eine Seite ihres Gesichtes an Sie preßt. Dann reibt sie ihre Flanken der Länge nach an Ihnen, und schließlich schlingt sie möglicherweise einmal leicht den Schwanz um Ihre Beine. Danach schaut sie auf und wiederholt den Prozeß noch einmal, manchmal sogar mehrmals. Wenn Sie nun hinunterlangen und das Tier streicheln, reibt es sich verstärkt an Ihnen und drückt oft auch sein Maul seitlich gegen Ihre Hand oder stupst mit dem Kopf dagegen. Dann schlendert es angelegentlich davon — das Begrüßungsritual ist ja komplett abgelaufen —, setzt sich hin und putzt seine Flanken.

Jedes dieser Begrüßungselemente hat seine ganz bestimmte Bedeutung. Hauptsächlich geht es dabei um den Austausch der körperlichen Gerüche zwischen der Katze und dem Menschen. Katzen haben spezielle Duftdrüsen oben an den Schläfen und in der Mundhöhle. Eine andere befindet sich an der Schwanzwurzel. Ohne daß Sie es bemerkt haben, hat Ihre Katze Sie mit dem Duft dieser Drüsen parfümiert. Der Körpergeruch einer Katze ist für unsere groben Nasen zu fein, aber für die Katze ist es von großer Bedeutung, daß alle befreundeten Mitglieder »ihrer« Familie auf diese Weise ihre Körpergerüche austauschen. Dadurch fühlt die Katze sich mehr zu Hause bei ihren menschlichen Gefährten. Wichtig ist auch, daß die Katze *unsere* Duftsignale empfängt. Das geschieht, nachdem sie sich bei der Begrüßung an uns gerieben hat, indem sie sich anschließend hinsetzt und putzt, wobei sie uns gewissermaßen mit der Zunge schmeckt — denn gerade zum Zwecke des anschließenden Fellputzens hat sie sich vorher so sorgfältig an uns gerieben.

Warum erheben sich manche Katzen zur Begrüßung auf die Hinterbeine?

Eines der Probleme, die Katzen zu bewältigen haben, wenn sie sich ihren menschlichen Gefährten nähern, besteht darin, daß wir viel zu groß sind. Sie hören unsere Stimme aus einer für sie großen Höhe an ihre Ohren dringen, und es fällt ihnen schwer, Riesenwesen, wie wir es sind, in der katzenüblichen Weise zu begrüßen. Wie können sie z. B. die typische Katzenbegrüßung mit gegenseitigem Köpfchengeben ausführen? Es gelingt ihnen einfach nicht. Sie müssen sich damit begnügen, sich an unseren Beinen oder einer heruntergestreckten Hand zu reiben. Aber es liegt in ihrer Natur, das Begrüßungszeremoniell mehr in Richtung unserer Kopfregion auszuführen, und deshalb versuchen sie eine kleine gezielte Bewegung, um eben das zu erreichen — einen steifbeinigen Hopser, bei dem beide Vorderpfoten zusammen vom Boden abheben und der Körper für einen kurzen Augenblick nach oben gezogen wird, bevor sie ihn wieder in seine übliche Stellung auf alle vier Beine zurückfallen lassen. Dieser Begrüßungs-Hopser ist daher als ein signifikantes Rudiment des herkömmlichen Kopf-an-Kopf-Kontaktes zu verstehen.

Der Schlüssel zu dieser Interpretation stammt von der Art und Weise, in der Kätzchen manchmal ihre Mutter begrüßen, wenn sie ins Nest zurückkehrt. Wenn sie sich bereits bis zu dem Punkt entwickelt haben, an dem ihre Beine für den Hopser kräftig genug sind, zeigen die Jungkatzen eine gemäßigte Abart der gleichen Bewegung, indem sie ihre Köpfe hochrecken zum Gesicht der Mutterkatze. In diesem Fall ist der Höhenunterschied allerdings nicht allzu groß, und die Mutterkatze kommt ihnen entgegen, indem sie ihren Kopf herabbeugt. Aber der einleitende Hopser ist deutlich zu erkennen.

Der Kopf-an-Kopf-Kontakt ist, wie das Aneinanderreiben bei der Begrüßung eine Eigenart der Katzen, um die persönlichen Körpergerüche zu vermischen und einen allgemeinen Familiengeruch zu erzeugen. Einige Katzen ergreifen die Initiative und versuchen, bei der Begrüßung ihres menschlichen Freundes einen besseren Kopf-an-Kopf-Kontakt herzustellen. Anstelle des eher traurigen, symbolischen kleinen Hopsers springen sie auf irgendein Möbelstück neben dem Menschen und benutzen diese höhergelegene Position, um eine echte Nasenbegrüßung zustande zu bringen.

Warum tretelt eine Katze mit den Vorderpfoten auf Ihrem Schoß?

Alle Katzenbesitzer kennen die Situation, daß die Katze ihnen auf den Schoß springt und es sich nach vorsichtigem Hin und Her dort bequem macht. Nach kurzem Stillsitzen drückt sie erst die eine und dann die andere Vorderpfote herunter, abwechselnd in einem bestimmten Rhythmus: eine zugleich massierende und stampfende Bewegung. Der Rhythmus ist langsam und gleichmäßig, so als würde das Tier bedächtig einem Zeitablauf folgen, fast wie in Zeitlupe. Wenn die Sache an Intensität gewinnt, kann man die Spitzen der Krallen auf der Haut spüren, und in diesem Moment fühlt sich der Besitzer für gewöhnlich irritiert und schiebt die Katze vom Schoß oder hebt sie sanft auf und setzt sie auf den Boden. Die Katze ist verständlicherweise verstört wegen dieser Zurückweisung; der Besitzer empfindet eine ähnliche Bestürzung, wenn er etwa beim Abschütteln der Katzenhaare entdeckt, daß das Tier beim Treteln gesabbert hat. Was hat das alles zu bedeuten?

Die Antwort findet man, wenn man kleine Katzen beobachtet, die an den Zitzen der Mutter trinken. Dabei kann man genau die gleichen Aktivitäten bemerken: Mit ihren winzigen Pfoten massieren die Katzenkinder den Bauch der Katzenmutter. Mit diesen rhythmischen Bewegungen stimulieren sie den Milchfluß zu den Zitzen, und das Sabbern drückt nichts anderes aus als die hochgradige Erwartungshaltung hinsichtlich der köstlichen Nahrung, bei der ihnen buchstäblich das Wasser im Munde zusammenläuft. Dieses »Milchtreteln« — wie es genannt wird — geschieht in einem sehr langsamen Tempo, mit etwa einem Tritt alle zwei Sekunden, und es wird immer von lautem Schnurren begleitet. Wenn erwachsene Katzen auf dem Schoß des menschlichen Besitzers treteln, so muß man das als Teil des kindlichen Verhaltensrepertoires interpretieren. Es sieht so aus, als ob das entspannte Dasitzen des Besitzers von seiner Katze als ein Signal aufgefaßt wird, das in etwa besagt: »Ich bin deine Mutter und sitze hier, bereit, dich an meiner Brust zu säugen.« Die erwachsene Katze tendiert dann dazu, wieder zum

Katzenjungen zu werden, sich auf Ihren Schoß zu kauern, zufrieden zu schnurren und den Bewegungsablauf zu wiederholen, der den Milchstrom anregt.

Aus der Sicht der Katze ist dies ein schöner, von inniger Zuneigung geprägter Augenblick, deshalb muß es für sie völlig unverständlich sein, wenn der von ihren spitzen Krallen geplagte Besitzer sie von seinem Schoß entfernt. Eine gute Katzenmutter würde so etwas nie tun. Menschen aber reagieren ziemlich unverständlich. Ihre Katze sieht in Ihnen eindeutig eine Muttergestalt, weil Sie ja auch tatsächlich die Milch liefern (in einer Untertasse) und überdies noch andere Nahrung. Und außerdem setzen sie sich hin und zeigen einladend Ihre Bauchseite, aber sobald dann die entsprechende Reaktion des Milchtretelns erfolgt, werden Sie plötzlich aus mysteriösen Gründen ungehalten und stoßen das Adoptivkind von sich.

Dies ist ein klassisches Beispiel dafür, wie mißverständlich Interaktionen zwischen Menschen und Katzen sein können. Vielleicht lassen sich einige Mißverständnisse vermeiden, wenn man sich stets vor Augen führt, daß eine erwachsene Katze in ihrem Verhalten gegenüber ihrem adoptivelterlichen Besitzer zeitlebens ein Katzenkind bleibt.

Warum vergräbt eine Katze ihren Kot?

Diese Eigenart wird immer als Zeichen einer geradezu peinlichen Sauberkeit der Katze gewertet. Besitzer von Hunden, die ja nicht so reinlich sind, wird dies von Katzenbesitzern oft und gern vorgehalten — als Beweis für die Überlegenheit der Katze über den Hund. Aber diese beliebte Interpretation des Verscharrens von Kot und Harn als Zeichen für die Hygieneansprüche der Katze hält näheren Untersuchungen nicht stand.

Tatsache ist, daß Katzen ihren Unrat vergraben, um eine Ausbreitung des Geruchs zu verhindern oder doch wenigstens zu verringern. Das Vergraben des Kots ist typisch für eine untergeordnete Katze, die um ihren sozialen Status fürchten muß. Der Beweis dafür wurde erbracht, als das Zusammenleben freilebender Katzen näher untersucht wurde. Man stellte fest, daß dominierende Kater, statt ihren Unrat zu vergraben, ihn, im Gegenteil, geradezu »an die große Glocke hängen«, indem sie ihn auf kleine Bodenerhebungen plazieren oder auf andere höher gelegene Geländepunkte, von wo der Geruch weithin verströmen und zu maximaler Wirkung gelangen kann. Nur die schwächeren, untergeordneten Katzen verbergen ihren Kot. Die Tatsache, daß unsere Hauskatzen in der Regel ein so sorgfältiges Ritual des Vergrabens beibehalten, läßt darauf schließen, in welchem Maße sie uns (und vielleicht auch noch andere Katzen in der Nachbarschaft) als dominierend empfinden. Das ist eigentlich gar nicht so überraschend. Wir sind physisch stärker als sie und beherrschen vollständig das allerwichtigste im Katzenleben:

die regelmäßige Versorgung mit Futter. Unsere Überlegenheit besteht von der Zeit ihrer Kindheit an und wird niemals ernstlich in Zweifel gestellt. Sogar Großkatzen wie Löwen können zeit ihres Lebens von ihren freundlichen Besitzern in dieser untergeordneten Rolle gehalten werden, deshalb ist es kaum verwunderlich, daß die kleinen domestizierten Katzen fortwährend von uns abhängig bleiben und deshalb stets bestrebt sind, ihren Kot zu verscharren.

Das Vergraben von Kot und Harn schaltet natürlich das Geruchssignal nicht völlig aus, aber es wird doch drastisch reduziert. Auf diese Weise kann die Katze weiterhin ihre Anwesenheit durch Geruchsmarkierung verkünden, ohne daß es gleich als eine ernsthafte Herausforderung verstanden wird.

Warum verwendet eine Katze soviel Zeit darauf, ihr Fell zu putzen?

Die naheliegende Antwort ist, um sich sauber zu halten, aber Fellpflege bedeutet viel mehr als nur das. Zusätzlich zur Reinigung von Staub und Schmutz oder den Resten der letzten Mahlzeit hilft das wiederholte Schlecken, das Fell geschmeidig zu halten, damit seine isolierende Wirkung nicht verloren geht. Ein zerzauster Pelz ist ein schlechter Schutz und kann bei kaltem Wetter zu einer ernsten Bedrohung für die Gesundheit der Katze werden.

Kälte ist aber nicht das einzige Problem. Im Sommer neigen Katzen leicht zu Überhitzung, und die Fellpflege bekommt dann eine ganz spezielle Bedeutung. Katzen besitzen nämlich — im Gegensatz zu uns — keine über den Körper verteilten Schweißdrüsen, deshalb können sie nicht einfach ins Schwitzen geraten, um sich rasch wieder abzukühlen. Hecheln nützt zwar etwas, reicht aber allein nicht aus. Sie helfen sich daher damit, sich fortwährend das Fell zu lecken und dabei soviel Speichel wie möglich abzusondern. Die Verdunstung dieses Speichels hat dann die gleiche Wirkung wie die Verdunstung von Schweiß auf unserer Haut.

Wenn Katzen in der Sonne liegen, verstärken sie ihre Fellpflege noch um einen weiteren Faktor. Das fleißige Lecken in dieser Situation geschieht nicht nur, wie man annehmen könnte, weil ihnen heiß ist, sondern vor allem auch, weil Sonnenstrahlen auf ihrem Fell das essentielle Vitamin D erzeugen. Und während sie mit der Zunge über ihr sonnenwarmes Fell gleiten, holen sie sich diese wichtige Zutat zu ihrer täglichen Kost.

Fellpflege wird auch dann betrieben, wenn Katzen sich

aufregen. Man nennt das Verdrängungs-Putzen und nimmt an, daß es ihnen hilft, die intensiven Spannungen abzubauen, zu denen es bei bestimmten Begegnungen im Leben einer Katze kommen kann. Wenn wir uns in einem Konflikt befinden, kratzen wir uns häufig am Kopf. Eine Katze leckt sich unter solchen Bedingungen ihr Fell.

Jeder Katzenbesitzer, der seine Katze gerade im Arm gehalten und geknuddelt hat, kennt gewiß die Reaktion des Tieres, sobald es aus dem menschlichen Kontakt entlassen wird: Die Katze schlendert fort, setzt sich hin und fängt fast immer sogleich an, sich zu putzen. Das geschieht zum Teil deshalb, weil sie ihr zerzaustes Fell glätten muß, aber es gibt auch noch einen anderen Grund dafür. Sie haben der Katze, während Sie sie angefaßt haben, Ihren eigenen Geruch mitgegeben und zu einem gewissen Grad den Eigengeruch der Katze damit überdeckt. Das Lecken des Fells stellt wieder ein Gleichgewicht her: Es schwächt Ihren Geruch ab und verstärkt den Eigengeruch der Katze auf ihrer Körperoberfläche. Unser Leben wird im wesentlichen von visuellen Signalen beherrscht, in der Welt der Katze aber sind Gerüche

und Düfte von sehr viel größerer Bedeutung. Ein Übermaß an menschlichem Duft auf ihrem Fell ist ein Störfaktor, der umgehend korrigiert werden muß. Das Putzen des Fells, nachdem Sie es angefaßt haben, kann aber auch bedeuten, daß die Katze es genießt, Sie zu »schmecken« und die Signale zu lesen, die Sie ihr mit dem Duft Ihrer Schweißdrüsen vermittelt haben. *Wir* mögen unfähig sein, den Schweißgeruch unserer Hände zu riechen, aber die Katze kann es.

Schließlich spielt das heftige Zerren am Fell, das so typisch ist für die eigene Fellpflege der Katze, eine besondere Rolle bei der Stimulierung der Hautdrüsen an der Wurzel jedes einzelnen Härchens. Die Sekretion dieser Drüsen ist lebenswichtig, um das Fell wasserdicht zu halten, und die Arbeit der fleißigen Katzenzunge steigert die Wasserfestigkeit als Schutz gegen den Regen.

Deshalb bedeutet Fellpflege viel mehr als bloße Säuberung. Wenn eine Katze sich das Fell leckt, schützt sie sich damit nicht nur vor Schmutz und Krankheit, sondern gleichzeitig vor Kälte, Überhitzung, Vitaminmangel, sozialer Spannung, Fremdgerüchen und davor, bis auf die Haut durchnäßt zu werden. Kein Wunder, daß sie soviel Zeit ihres täglichen Wachzustandes dieser Tätigkeit widmet.

Eine Gefahr liegt allerdings in dieser Aktivität. Im Fellwechsel befindliche Katzen und solche mit sehr langem Haar befördern dabei rasch eine große Menge Haar in ihren Verdauungstrakt, wo es Haarballen bildet, die Verstopfungen verursachen können. Normalerweise werden diese Haarballen erbrochen und richten keinerlei Schaden an, aber wenn sie zu groß werden, können sie zu einer ernsthaften Gefahr werden. Nervöse Katzen, die häufig mit Verdrängungs-Putzen beschäftigt sind, leiden ebenfalls darunter. Um dies Problem zu lösen,heißt es, die Ursache ihrer ständigen Erregung herauszufinden und zu beseitigen. Bei Katzen im Fellwechsel und mit besonders langem Haar hilft als Vorbeugung, daß der Katzenbesitzer regelmäßig Fellpflege mit Kamm und Bürste betreibt, um die ausfallenden Haare zu entfernen.

Die Eigenpflege des Fells beginnt, wenn ein Kätzchen etwa drei Wochen alt ist, aber vom Augenblick der Geburt an kümmert sich die Katzenmutter um sein Fell. Wird das Fell einer Katze von einer anderen geleckt, spricht man von »Fremdpflege« im Gegensatz zur Eigenpflege. Fremdpflege ist nicht nur zwischen Mutter und Jungen üblich, sondern auch zwischen erwachsenen Katzen, die zusammen aufgewachsen sind und eine enge soziale Bindung aufgebaut haben. Sie dient in erster Linie weniger der gegenseitigen Hygiene als der Festigung des freundschaftlichen Verhältnisses, das zwischen den beiden Tieren besteht. Aber unabhängig davon hat das Putzen einer Körperregion, die für die Katze selbst schwer zu erreichen ist, eine ganz besondere Wirkung auf das Tier. Dementsprechend lieben es Katzen sehr, sich gegenseitig hinter den Ohren zu lecken. Aus diesem Grunde ist auch das Streicheln und Reiben hinter den Ohren eine so beliebte Art des Kontaktes zwischen Katzenbesitzern und ihren Lieblingen.

Die Eigenpflege folgt häufig einem ganz bestimmten Ritual, wenn die Katze eine lückenlose Körpersäuberung erreichen will. Die typische Reihenfolge sieht so aus:

1. Lecken der Lippen.
2. Schlecken einer Pfotenseite, bis sie naß ist.
3. Reiben der nassen Pfote über den Kopf einschließlich Ohr, Auge, Wange und Kinn.
4. Befeuchten der anderen Pfote in der gleichen Weise.
5. Reiben der nassen Pfote über die andere Kopfseite.
6. Schlecken der Vorderbeine und Schultern.
7. Putzen der Flanken.
8. Schlecken der Genitalien.
9. Putzen der Hinterbeine.
10. Schlecken des Schwanzes von der Basis bis zur Spitze.

Wenn in irgendeinem Stadium dieses Prozesses ein Hindernis entdeckt wird — z. B. ein kleines Fellknäuel —, so wird das Putzen vorübergehend zugunsten eines lokal begrenzten Knabberns mit den Zähnen unterbrochen. Wenn dann alles wieder geglättet ist, wird die ursprüngliche Putzfolge wieder aufgenommen. Besonders häufig tritt dieses Knabbern an Füßen und Krallen auf, um Schmutz zu entfernen und die Kondition der Krallen zu überprüfen. Mit diesem komplizierten Reinigungsritual unterscheiden sich Katzen von den meisten anderen Säugetieren. Ratten und Mäuse z. B. benutzen die ganzen Vorderpfoten, um ihren Kopf zu putzen, während die Katze nur die eine Seite der Pfote und einen Teil des Vorderarms gebraucht. Auch sitzen Nagetiere aufrecht auf ihren Hinterbeinen und putzen sich gleichzeitig mit beiden Vorderpfoten, während die Technik der Feliden darin besteht, beide Vorderpfoten abwechselnd in Tätigkeit zu setzen, während der Körper auf derjenigen ruht, die gerade nicht benötigt wird. Menschliche Beobachter scheinen nur selten solche Unterschiede wahrzunehmen. Sie bemerken nur allgemein, daß ein Tier sich eifrig putzt. Tatsächlich zeigen genauere Untersuchungen, daß jede Tierart eine ganz eigene charakteristische und recht komplexe Abfolge von Einzelaktionen absolviert.

Warum »wedelt« eine Katze mit dem Schwanz?

Die meisten Menschen nehmen an, daß eine Katze aufgebracht ist, wenn sie mit dem Schwanz wedelt, aber das stimmt nur zum Teil. Die richtige Antwort lautet: Die Katze befindet sich in einer Konfliktsituation. Sie möchte zwei Dinge gleichzeitig tun, aber der eine Impuls blockiert dabei den anderen. Wenn eine Katze z. B. nachts mauzt, damit man sie hinausläßt, und dann beim Öffnen der Tür vor einem schweren Regenschauer steht, beginnt sie aller Wahrscheinlichkeit nach mit dem Schwanz zu wedeln. Wenn sie dann in die Nacht hinausläuft und einen Augenblick lang trotzig draußen bleibt und dabei durchnäßt wird, wedelt sie sogar noch heftiger mit dem Schwanz. Dann trifft sie ihre Entscheidung und läuft entweder zurück in den Schutz des Hauses oder macht sich tapfer daran, trotz der widrigen Wetterbedingungen ihr Territorium zu kontrollieren. Sobald sie diesen Konflikt in der einen oder anderen Weise gelöst hat, hört sie augenblicklich auf mit dem Schwanz zu wedeln.

In einem solchen Fall ist es einfach unzutreffend, ihre Stimmung als ärgerlich oder zornig zu bezeichnen. Wut beinhaltet einen frustrierten Angriffswunsch, aber die Katze in Wind und Regen ist nicht aggressiv. Was tatsächlich den Frust ausmacht, ist der Widerspruch zwischen dem Drang, das Revier zu erkunden, und dem stark ausgeprägten entgegengesetzten Wunsch nach Geborgenheit und Trockenheit. Wenn diese beiden Triebkomponenten vorübergehend gleich stark sind, kann die Katze keiner von beiden Folge leisten. Und während sie gleichzeitig in zwei verschiedene

Richtungen gezogen wird, bleibt sie still stehen und wedelt mit dem Schwanz. Beide — einander entgegengesetzte Triebe — rufen die gleiche Reaktion hervor, und nur wenn einer davon ein Aggressionstrieb wäre, der frustriert worden ist durch Furcht oder irgendeine andere widerstrebende Stimmung, hätten wir recht damit, daß die Katze mit dem Schwanz wedelt, weil sie ärgerlich oder zornig ist.

Wenn das Schwanzwedeln bei Katzen das Stadium eines akuten Konfliktes anzeigt, wie ist dann der Ursprung dieser Geste zu erklären? Um das zu verstehen, muß man eine Katze beobachten, die versucht, auf einem schmalen Sims zu balancieren. Wenn sie spürt, daß sie gleich die Balance verliert, schwingt der Schwanz schnell zur Seite und dient ihr als Balancierstange. Wenn man eine Katze auf dem Schoß hält und sie abwechselnd leicht auf der linken und auf der rechten Seite antippt, kann man beobachten, wie ihr Schwanz rhythmisch von Seite zu Seite schwingt, so als ob sie ganz langsam damit wedelt. Genauso beginnt das Schwanzwedeln in einer Konfliktsituation. Wenn die beiden konkurrierenden Triebabsichten die Katze in verschiedene Richtungen ziehen, antwortet der Schwanz des Tieres so, als würde sein Körper erst zur einen Seite und dann zur anderen Seite geschoben. Im Laufe der Evolution entwickelte sich dieses Schwingen des Schwanzes von einer Seite zur anderen zu einem wichtigen Signal in der Körpersprache der Katzen und wurde immer stärker beschleunigt, so daß es jetzt sehr auffällig ist und augenblicklich bemerkt wird. Heute ist es so viel schneller und rhythmischer als jede andere übliche Balancierbewegung des Schwanzes, daß es leicht schon bei einem flüchtigen Blick zu erkennen ist, daß der Konflikt, den das Tier gerade durchlebt, eher emotional als rein physisch begründet ist.

Warum spritzt ein Kater seinen Urin gegen die Gartenmauer?

Kater markieren ihr Territorium, indem sie einen mächtigen Urinstrahl nach hinten auf hochstehende Teile ihrer Umgebung spritzen. Sie zielen auf Mauern, Büsche, Baumstümpfe, Zaunpfosten oder andere Orientierungspunkte. Besondere Anziehungskraft besitzen Stellen, an denen sie selbst oder andere Katzen in der Vergangenheit bereits Urin versprüht haben und wo sie so ihren eigenen neuen Duft den Spuren des alten hinzufügen können, der schon vorhanden ist.

Der Urin erwachsener Kater besitzt einen bemerkenswert strengen Geruch, den sogar die unzureichenden menschlichen Nasen nur zu deutlich wahrnehmen können. Für das menschliche Geruchsempfinden ist es ein besonders unangenehmer Gestank, und viele Leute lassen ihren Kater nur kastrieren, in der Hoffnung, diese spezielle Aktivität damit zu dämpfen. Andere Katzengerüche sind für Menschen kaum wahrnehmbar. Die Kopfdrüsen etwa, die an allen möglichen Objekten gerieben werden in der Absicht, dort eine andere Form von Duftmarken zu hinterlassen, produzieren einen Duft, der für Katzen von großer Aussagekraft ist, von den menschlichen Besitzern der Tiere aber völlig unbemerkt bleibt.

Einige Experten haben behauptet, daß der versprühte Urin auf rivalisierende Katzen wie eine Drohung wirkt. Der Beweis dafür fehlt jedoch, und viele Stunden geduldiger Beobachtungen haben keinerlei Reaktionen an den Tag gebracht, die diesen Standpunkt untermauern könnten. Falls der Geruch, der auf »strategischen« Punkten im Freien hinterlassen wurde, auf andere Katzen tatsächlich wie eine Drohung wirken sollte, müßte er sie eigentlich beim Schnüffeln abschrekken. Sie sollten zurückprallen in Furcht und Panik und sich davonschleichen. Doch genau das Gegenteil ist der Fall. Anstatt sich zurückzuziehen, werden sie ganz deutlich angezogen von den Duftmarken und schnüffeln ausgiebig mit großem Interesse daran.

Wenn sie aber keine Drohung ausdrücken, was bedeuten territoriale Duftmarken nun wirklich? Welche Signale gehen von ihnen aus? Die Antwort ist, daß sie in Katzenkreisen dieselbe Funktion ausüben wie bei uns Zeitungen. Jeden Morgen lesen wir unsere Zeitung und halten uns auf dem laufenden, was in der Menschenwelt vor sich geht. Katzen dagegen spazieren durch ihr Territorium und erfahren beim Schnüffeln an den Duftmarken alle Neuigkeiten über Kommen und Gehen der Katzenpopulation. Sie können (an dem

Grad der Abschwächung des Geruchs ihrer letzten Duftmarke) feststellen, wieviel Zeit seit ihrer eigenen letzten Visite vergangen ist, und sie können die Geruchssignale aller anderen Katzen des Reviers, die vorbeigekommen sind und dort gespritzt haben, »lesen«. Sie können sogar erkennen, wie lange das her ist. Jede Duftmarke enthält wissenswerte Informationen über die individuelle Identität und die seelische Verfassung desjenigen, der sie gesetzt hat. Wenn eine Katze dann beschließt, selbst auch wieder zu spritzen, so ist das das katzengerechte Äquivalent zu dem, was wir tun, wenn wir einen Brief an die »Times« schreiben, ein Gedicht veröffentlichen oder eine Visitenkarte hinterlassen.

Man könnte jetzt mit dem Argument kontern, das Konzept mit der Duftmarkierung sei weithergeholt und das Verspritzen von Urin sei für Katzen einfach die geeignete Methode, ein Ausscheidungsprodukt ihres Körpers loszuwerden, und sonst gar nichts. Wenn eine Katze eine volle Blase hat, wird sie spritzen, wenn sie eine leere Blase hat, wird sie nicht spritzen. Sorgfältige Untersuchungen aber zeigen, daß Katzen reguläre Spritzaktionen routinemäßig durchführen, und zwar unabhängig vom Zustand ihrer Blase. Wenn sie zufällig voll ist, fällt jeder Strahl lang aus. Ist sie nahezu leer, wird der Urin »rationiert«. Die Anzahl der Spritzer und das Territorium, das mit Duftmarken versehen wird, bleiben gleich, unabhängig davon, wieviel oder wie wenig Flüssigkeit die Katze getrunken hat. Tatsächlich hat man festgestellt, daß Katzen, die manchmal keinen Tropfen Urin mehr in der Blase haben, trotzdem fortfahren mit ihrer routinemäßigen Geruchsmarkierung. Sie suchen geschäftig jeden wichtigen Punkt auf, wenden ihm die Kehrseite zu, strecken den zitternden Schwanz hoch und gehen dann weiter. Der Akt des Sprühens besitzt eine ureigene, losgelöste Motivation, was ein deutliches Anzeichen für seinen Stellenwert im Sozialleben der Katze ist.

Obwohl es nicht allgemein bemerkt wird, können auch

weibliche Tiere und kastrierte Katzen beiderlei Geschlechts ebenso wie Kater ihren Urin versprühen. Der Unterschied besteht darin, daß sie es weniger häufig tun und der Geruch viel schwächer ist, so daß wir ihn kaum wahrnehmen.

Wie groß ist das Territorium einer Katze?

Das ungezähmte Gegenstück zur domestizierten Katze, die Wildkatze, hat ein riesiges Territorium; manche Wildkater kontrollieren bis zu 175 Morgen Land. Hauskatzen, die verwildert sind und in abgelegenen Gebieten leben, wo unbegrenzt Platz ist, decken gleichfalls eindrucksvoll große Flächen ab. Bauernkatzen beanspruchen fast ebensoviel Raum, die Kater durchstreifen ein Gebiet von über 150 Morgen. Weibliche Bauernkatzen sind bescheidener, sie beanspruchen im Durchschnitt nur etwa 15 Morgen Land. In Städten, Ortschaften und Vorstädten ist die Überbevölkerung unter den Katzen fast ebensogroß wie unter den Menschen. Das Territorium der Stadtkatzen schrumpft zu einem Bruchteil dessen zusammen, an dem ihre ländlichen Vettern sich erfreuen. Man schätzt, daß in London wildlebende Katzen z.b. pro Kopf nur etwa ein Fünftel eines Morgens beanspruchen können. Verwöhnte Stubenkatzen, die im Haus ihrer Besitzer leben, sind in ihrem Bewegungsspielraum im Freien noch mehr eingeschränkt, da dieser abhängig ist von der Größe des Gartens, der zum Haus gehört. Die maximale Beschränkung, die festgestellt wurde, beträgt für eine Stadtkatze ein Fünfzigstel eines Morgens.

Diese Variationsbreite in bezug auf die Größe von Territorien zeigt, wie flexibel Katzen sind. Wie Menschen können sie sich einer massiven Einschränkung ihrer häuslichen Umgebung anpassen, ohne übermäßig darunter zu leiden. Aus den oben genannten Zahlen geht hervor, daß auf dem Territorium einer einzigen Wildkatze in einem abgelegeneren Teil der Welt ca. 8750 an ein enges Zusammenleben gewöhnte Katzen miteinander auskommen könnten. Die Tatsache, daß das Sozialverhalten zahlreicher Katzen auf engem Raum weder chaotische noch bösartige Züge annimmt, ist ein Beweis für die gesellschaftliche Toleranz der Katzen. In gewisser Weise ist das überraschend, weil wir Menschen oft von der Geselligkeit der Hunde sprechen, aber gleichzeitig meist betonen, daß Katzen viel stärkere Einzelgänger und von Haus aus ungesellig sind. Das mag stimmen, solange sie freie Wahl haben. Wenn sie aber vor die schwierige Aufgabe gestellt sind, hautnah mit anderen Katzen zusammenzuleben, werden sie damit bemerkenswertig gut fertig.

Sie bewältigen das Problem, sich auch bei großer Enge miteinander zu vertragen, auf ganz unterschiedliche Weise. Der wichtigste Faktor ist der, daß ihre Eigentümer für das nötige Futter sorgen. Das enthebt sie der Notwendigkeit, täglich ausgedehnte Jagdausflüge zu unternehmen. Der Wunsch, solche Ausflüge zu machen, wird dadurch nicht verdrängt — auch eine gut gefütterte Katze bleibt immer ein Raubtier —, aber die unerbittliche Zielstrebigkeit, die einem leeren Magen entspringt, wird erheblich reduziert. Wenn diese Katzen feststellen, daß sie versehentlich in ein benachbartes Territorium eingedrungen sind, können sie ohne weiteres die Jagd aufgeben, ohne zu verhungern. Wenn die Beschränkung ihrer Jagdaktivitäten auf den eigenen, arg eingeengten Bereich sie zu erfolglosen Jägern macht, mag das Frustration erzeugen, aber es führt nicht zu Hunger und Tod. Es ist nachgewiesen worden, daß die städtischen Territorien der Katzen um so kleiner werden, je mehr Futter sie von ihren Besitzern bekommen.

Ein anderer Faktor, der ihnen zu Hilfe kommt, ist die Art und Weise, in der ihre menschlichen Besitzer ihre eigenen Territorien unterteilen — mit Zäunen, Hecken und Mauern, um ihre Gärten einzugrenzen. Das verschafft den Katzen natürlich Grenzlinien, die leicht zu kontrollieren und zu verteidigen sind. Zusätzlich gibt es noch einen gewissen erlaubten Grad von Überschneidungen verschiedener Katzenterritorien. Weibliche Tiere haben oft Spezialbereiche, in denen mehrere Territorien einander überlappen und wo sie sich gewissermaßen auf neutralem Boden treffen können. Die Territorien der Kater, die immer etwa zehnmal so groß sind wie die der Weibchen, unabhängig davon, wie groß oder klein der insgesamt zur Verfügung stehende Platz ist, überschneiden sich noch weit mehr. Jedes Männchen streift in seinem Territorium herum, das verschiedene Territorien der Weibchen umfaßt, was es in die Lage versetzt, ständig genau darüber informiert zu sein, welches Weibchen zu welchem Zeitpunkt gerade in Hitze ist.

Das Überlappen der Gebiete ist deshalb erlaubt, weil Katzen in der Regel fähig sind, sich gegenseitig auszuweichen, wenn sie einzelne Kontrollpunkte auf ihren Landflecken aufsuchen. Wenn sich zufällig zwei von ihnen dabei unerwartet begegnen, drohen sie sich entweder gegenseitig, oder aber sie gehen sich aus dem Weg, wobei sie jede Bewegung des anderen genau beobachten und abwarten, ob er sich abwendet, um eine andere Zone des Territoriums anzusteuern.

Die Vermehrung der Hauskatzen wird natürlich von ihren Besitzern unter Kontrolle gehalten. Die erwachsenen Tiere werden kastriert und sterilisiert, unerwünschte Junge werden getötet, und überzählige Kätzchen werden verkauft oder verschenkt. Aber wie kann die territoriale Einteilung bei freilebenden Katzen stabil bleiben bei der unvermeidlichen andauernden Produktion des Nachwuchses? Eine detaillierte Studie über Dockkatzen in einem großen Hafen zeigte, daß in diesem Gebiet von 210 Morgen 95 Katzen lebten. Jedes Jahr wurden etwa 400 Kätzchen geboren. Per Hochrechnung bedeutet das etwa zehn Junge pro Kätzin im Jahr, im Durchschnitt also hat jedes weibliche Tier zweimal im Jahr fünf Junge zur Welt gebracht. Theoretisch bedeutet das pro Jahr ein Anwachsen der Gesamtpopulation um das Fünffache. In der Praxis aber sah es so aus, daß die Population bemerkenswert stabil blieb. Die Katzen hatten sich in einer angemessenen Territoriumsgröße in der rauhen Welt der Docks, in der sie lebten, angesiedelt, und daran hielten sie fest. Nähere Untersuchungen ergaben, daß nur eines von acht neugeborenen Kätzchen überlebte und das Erwachsenenalter erreichte. Dieses Anwachsen um insgesamt fünfzig Tiere jedes Jahr wurde ausgeglichen durch fünfzig Todesfälle unter den älteren Katzen. Die hauptsächliche Todesursache war hier — wie bei den meisten städtischen Katzenpopulationen — das Überfahrenwerden von Autos.

Wie gesellig sind Katzen?

Katzen werden oft als einzelgängerische, selbstsüchtige Tiere charakterisiert, die ihre eigenen Wege gehen und mit anderen Artgenossen nur zusammentreffen, um zu kämpfen oder um sich zu paaren. Wenn verwilderte Katzen sehr viel Freiraum besitzen, stimmt es, daß sie diesem Bild ziemlich gut entsprechen, sie sind aber ohne weiteres in der Lage, ihr Verhalten zu ändern, wenn ihre Anzahl immer mehr wächst. Wenn sie in Städten und Ortschaften leben und in den Häusern ihrer Besitzer, zeigt es sich, daß Katzen eine ebenso bemerkenswerte wie unerwartete Fähigkeit zur Geselligkeit besitzen.

Jeder, der das bezweifelt, sollte sich daran erinnern, daß wir für unsere Hauskatzen eine Art Riesenkatze sind. Allein die Tatsache, daß eine domestizierte Katze ein Heim mit ihrer Menschenfamilie teilt, ist schon Beweis genug für ihre Flexibilität. Aber das ist nur eine Seite der Angelegenheit. Katzen können auf viele verschiedene Weisen Kooperation, gegenseitige Hilfe und Toleranz unter Beweis stellen. Das ist besonders auffällig, wenn ein Katzenweibchen Junge bekommt. Man weiß von anderen Kätzinnen, die als Hebammen geholfen haben, die Nabelschnur durchzubeißen und die Neugeborenen zu säubern. Später bieten sie dann sogar ihre Dienste als Babysitter an, bringen der jungen Mutter Futter, und gelegentlich säugen sie auch Junge von anderen Würfen zusammen mit ihren eigenen. Sogar Kater zeigen manchmal gewisse väterliche Gefühle, indem sie die Jungen putzen und mit ihnen spielen.

Diese Aktivitäten entsprechen nicht dem üblichen Verhaltensmuster, und auch wenn sie nur relativ selten vorkommen, zeigen sie doch, daß die Katze fähig ist, sich unter bestimmten Bedingungen viel weniger selbstsüchtig zu verhalten, als wir es erwarten würden.

Auch das Territorialverhalten beeinhaltet ein gewisses Maß an Toleranz und Miteinander, Katzen tun ihr Bestes, um einander aus dem Wege zu gehen, oft benützen sie die gleichen Bereiche zu verschiedenen Zeiten, um Konflikte zu vermeiden. Zusätzlich gibt es bestimmte Gebiete, die keiner Katze »gehören«, dort können sich gesellige »Clubs« entfalten. Es handelt sich um Teilbereiche der Umgebung, wo Katzen aus ganz bestimmten Gründen einen allgemeinen Burgfrieden ausrufen und zusammentreffen, ohne groß miteinander zu kämpfen. Dies ist bei freilebenden Stadtkatzen in der Regel dort der Fall, wo sie ihren Futterplatz haben. Wenn sie von mitleidigen Menschen dort ihr Futter bekommen, sammenln sie sich häufig ganz friedlich, um es miteinander zu teilen. Dabei wird eine so enge Nachbarschaft geduldet, wie sie in den entsprechenden Einzelrevieren derselben Katzen völlig undenkbar wäre.

Einige Experten haben sich aufgrund dieser Fakten sogar zu der Behauptung verstiegen, daß Katzen echte Herdentiere wären und ihr Zusammenleben kooperativer wäre als das von Hunden, aber das ist eine romantische Übertreibung. Die Wahrheit ist, daß Katzen, was ihr Sozialleben betrifft, Opportunisten sind. Sie nehmen es, wie es ist, oder sie lassen es ganz. Das wiederum steht Herdentieren niemals frei. Ein Hund als Einzelgänger ist ein armer Teufel. Eine Katze als Einzelgängerin ist zumindest froh, wenn man sie in Ruhe läßt.

Wenn das so ist, wie können wir dann die oben angeführten Beispiele wechselseitiger Hilfeleistungen erklären? Einige sind darauf zurückzuführen, daß wir domestizierte Katzen zu übergroßen Katzenkindern gemacht haben. Dadurch, daß wir sie regelmäßig füttern und für sie sorgen, erhalten wir ihre positiven Eigenschaften der Jugendzeit bis ins Erwachsenenleben. Wie Peter Pan werden auch sie innerlich nie erwachsen, selbst dann nicht, wenn sie die physische Reife erlangt haben. Kätzchen sind verspielt und freundlich zu ihren Geschwistern und ihrer Mutter, und sie sind es gewohnt, in einer kleinen Gruppe miteinander zu leben und zu agieren. Diese Fähigkeit kann bei später hinzukommenden Aktivitäten der erwachsenen Tiere erhalten bleiben. Sie legen dann weniger Wert darauf, miteinander zu konkurrieren, und verhalten sich weniger eigenbrötlerisch. Dazu kommt, daß sich die in den Städten freilebenden »wilden« Katzen ihrem geschrumpften Territorium anzupassen vermögen, allerdings eher aus zwingender Notwendigkeit als aus eigener Wahl.

Einige Tierarten sind nur in der Lage in eng miteinander verknüpften sozialen Verbänden zu leben. Andere können nur als Einzelgänger existieren. Die Katze kann dank ihrer Flexibilität so oder so leben, und gerade das ist es, was zum Schlüsselfaktor wurde in ihrer langen erfolgreichen Geschichte seit der ersten Domestizierung vor Tausenden von Jahren.

Warum mauzen Katzen inständig, um rausgelassen zu werden, und mauzen gleich darauf wieder, um reingelassen zu werden?

Katzen hassen Türen. Türen waren in der Evolutionsgeschichte der Katzenfamilie einfach nicht vorgesehen. Sie blockieren ständig ihre Patrouillengänge und hindern die Katze daran, ihrem Willen entsprechend ihr heimatliches Revier zu erkunden und dann rasch zum Zentrum, zur sicheren Basis zurückzukehren. Menschen verstehen oft nicht, daß eine Katze das Bedürfnis hat, schnell einen kurzen Rundgang durch ihr Territorium zu machen, um gleich darauf mit allen nötigen Informationen über die Aktivitäten anderer Katzen in der Nachbarschaft heimzukehren. Sie liebt es, diese Inspektionsgänge in häufig wiederkehrenden Intervallen vorzunehmen, aber sie schätzt es gar nicht, sehr lange draußen zu bleiben, außer wenn besondere und unerwartete Veränderungen unter der Katzenpopulation vor Ort stattgefunden haben.

Die Folge davon ist eine offensichtliche Verdrehtheit unserer Hauskatzen: Wenn sie drinnen sind, wollen sie unbedingt raus, und wenn sie draußen sind, wollen sie rein. Wenn die Katzenbesitzer keine kleine Katzenklapptür in die Hintertür ihres Hauses eingebaut haben, wird die Katze regelmäßig ihre Aufmerksamkeit und Hilfe fordern für die in turnusmäßigen Abständen erwünschte Kontrolle der Außenwelt. Diese wiederholte Überwachung des Territoriums ist zum Teil deshalb so wichtig für die Katze, weil das Nachrichtensystem der Duftmarken ähnlich wie eine Kontrolluhr funktioniert. Immer wenn eine Katze sich in ihrem Gebiet an einem der Kontrollpunkte reibt oder Urin dagegen versprüht, hinterläßt sie ihren persönlichen Geruch, der aber unmittelbar darauf anfängt, ein wenig von seiner Intensität zu verlieren. Diese ständige Duftabnahme dient der Katze zur Bestimmung des Zeitabschnittes, der verstrichen ist, seit die Duftmarke gesetzt wurde. Die wiederholten Besuche der Katze in dem von ihr kontrollierten Territorium entspringen dem Verlangen, die eigenen abgeschwächten Geruchssignale zu reaktivieren. Wenn das erledigt ist, locken sie wieder die Behaglichkeit und Sicherheit des Hauses an, und das ängstliche Katzengesicht erscheint zum soundsovielten Male vor dem Fenster.

Was signalisiert eine Katze mit der Stellung ihrer Ohren?

Katzen besitzen — im Gegensatz zu Menschen — sehr ausdrucksstarke Ohren. Sie ändern ihre Stellung nicht nur, wenn die Katze Geräusche vernimmt, die aus verschiedenen Richtungen kommen, sondern spiegeln durch ihre Stellung auch die emotionale Stimmung der Tiere wider.

Es gibt fünf typische Ohrsignale, die zu den folgenden Stimmungen gehören: Entspannung, Wachsamkeit, Erregung, Abwehr und Aggression.

Bei einer entspannten Katze zeigen die Ohröffnungen nach vorn und leicht nach außen, wenn das Tier ruhig interessanten Geräuschen lauscht, die von weither kommen.

Wenn eine ruhende Katze aufgestört wird und sich auf irgendein aufregendes Detail in der Umgebung konzentriert, verändert sich die Stellung der Ohren hin zum typischen Wachsamkeitsausdruck. Während das Tier auf den Gegenstand seines Interesses starrt, spitzt es die Ohren und dreht sie mit den Öffnungen direkt nach vorn. Die Ohren bleiben in dieser Weise gespitzt, solange die Katze geradeaus starrt. Die einzige Variation erfolgt, wenn plötzlich ein anderes Geräusch seitlich von der Katze laut wird. In diesem Fall kann es passieren, daß ein Ohr sich kurz in diese Richtung dreht, ohne daß die Katze jedoch einen Blick zur Seite riskiert.

An einer aufgeregten Katze, die unter irgendeinem Konflikt leidet, sei es Frustration oder Furcht, macht sich oft ein nervöses Ohrzucken bemerkbar. Bei einigen Arten von Wildkatzen ist diese Art der Reaktion im Laufe der Evolution sehr wirkungsvoll unterstützt worden durch die Ausbildung langer Ohrbüschel, aber der domestizierten Katze fehlt dieses Merkmal, und auch das Ohrzucken selbst tritt bei ihr seltener auf. Leichte Andeutungen von Ohrbüscheln findet man allerdings bei manchen Zuchtkatzen, besonders bei den Abessiniern, die einen kleinen, dunklen Haarausläufer auf der Ohrspitze besitzen; im Vergleich zu den riesigen Ohrbüscheln wie etwa beim Wüstenluchs oder Karakal, handelt es sich dabei aber eher um einen sehr bescheidenen Entwicklungsstand.

Eine defensiv gestimmte Katze zeigt völlig flachanliegende Ohren. Sie werden fest an den Kopf gepreßt, als wollte die Katze sie dadurch vor etwaigen Angriffen schützen. Die zerrissenen und zerfetzten Ohren von kämpfenden Katern sind ein augenfälliger Beweis für die Notwendigkeit, diese gefährdeten Körperteile so gut wie möglich zu sichern, wenn ausgefahrene Krallen in der Nähe sind. Die Wirkung der seitlich an den Kopf gelegten Ohren liegt darin, daß sie nahezu unsichtbar sind, wenn man das Tier von vorn ansieht, und daß sie den Kopf insgesamt eher rundlich erscheinen lassen. Es gibt eine seltsame Zuchtkatze, die Schottische Hängeohrkatze, die ständig angelegte Ohren zu haben scheint, was ihr das Aussehen einer Katze in Abwehrhaltung gibt, unabhängig davon, wie ihre momentane Stimmung gerade ist. Welche Auswirkungen das auf ihr Sozialleben haben mag, kann man sich nur schwer vorstellen.

Eine aggressive Katze, die in feindseliger Stimmung ist, ohne zugleich sonderlich erschrocken zu sein, hat wieder eine ganz spezifische Ohrstellung. Hier sind die Ohren nach vorn gedreht, aber nicht flach angelegt. Die *Rückseite* der Ohren wird jetzt von vorn sichtbar, und das ist das gefährlichste Ohrsignal, das eine Katze überhaupt übermitteln kann. Dem Ursprung nach liegt diese Ohrstellung auf halbem Wege zwischen Erregung und Abwehr — mit anderen Worten, die Ohren werden halb nach vorn gespitzt und halb nach hinten angelegt. Tatsächlich handelt es sich um eine Position, die anzeigt, daß das Tier zu allem bereit ist. Es sagt damit: »Ich bin zum Kampf gewappnet, aber du jagst mir nicht genügend Schrecken ein, daß ich es für nötig hielte, meine Ohren schützend anzulegen.« Der Grund dafür, daß sie in dieser Stimmungslage die Rückseite der Ohren zeigt, liegt darin, daß die Katze die Ohren erst in diese Richtung drehen muß, bevor sie sie völlig anlegen kann. Auf diese Weise befinden sich die Ohren der angriffsbereiten Katze immerhin in einer Stellung, die es ihr jederzeit erlaubt, sie rasch anzulegen, sollte der Gegner es etwa wagen, Vergeltungsmaßnahmen zu ergreifen.

Die aggressive Ohrstellung hat bei einer Reihe von wilden Katzenarten zu attraktiven Ohrzeichnungen geführt, besonders beim Tiger, der auf der Rückseite jedes Ohrs einen großen weißen Fleck trägt, der von einem schwarzen Kreis begrenzt ist. Wenn ein Tiger zornig ist, kann es über seine Stimmung gar keinen Zweifel geben, weil dieses Paar höchst eindrucksvoller weißer Flecke sofort in den Blickpunkt gerät. Domestizierten Katzen aber fehlt solch eine spezielle Kennzeichnung.

Wie kämpfen Katzen?

In der Wildnis sind Katzenkämpfe eine Seltenheit, weil reichlich Platz vorhanden ist, aber in den dicht bevölkerten Gebieten der Städte und Vorstädte werden die einzelnen Katzenterritorien eng zusammengedrängt und überlappen sich häufig. Dadurch kommt es zu vielen mehr oder weniger ernsthaften Duellen, insbesondere zwischen rivalisierenden Katern. Gelegentlich wird dabei sogar ein Tier getötet oder stirbt anschließend an den Verletzungen, die ihm im Kampf zugefügt wurden.

Das primäre Ziel einer angreifenden Katze besteht darin, dem Rivalen einen todbringenden Nackenbiß zuzufügen, wobei sie sich so ziemlich derselben Technik bedient wie bei der Tötung eines Beutetieres. Weil aber ihr Gegner meist ungefähr gleich groß und stark ist wie sie selbst, wird dieser Tötungsbiß kaum jemals wirklich praktiziert. Tatsächlich wird sich selbst die zaghafteste und feigste Katze bis zu einem gewissen Grade verteidigen, und ein Nackenbiß gleich zu Beginn der Kampfhandlungen ist fast unmöglich zu erreichen.

Hier muß man sich vergegenwärtigen, daß selbst jedes noch so wilde und dominante Tier, wenn es einen Kampf beginnt, die möglichen Konsequenzen fürchtet, die heraufbeschworen werden können, wenn sich ein eingeschüchterter Rangniederer mit dem Mut der Verzweiflung zur Wehr setzt. In die Enge getrieben, wird auch der Unterlegene nichts unversucht lassen. Er wird mit voll ausgefahrenen Krallen auf den Gegner einschlagen und kann damit auch eine überlegene Katze in einer Weise verletzen, die für die Zukunft ein ernsthaftes Handicap bei der Jagd zur Folge hat und damit die Überlebenschancen beeinträchtigt. Deshalb zeigt sogar eine Katze, die durch und durch auf Angriff eingestellt ist, eine ihrer Aggression beigemischte Komponente von Furcht, wenn es schließlich zur tätlichen Auseinandersetzung kommt.

Eine typische Sequenz spielt sich folgendermaßen ab: ein dominierendes Tier entdeckt einen Rivalen und nähert sich ihm, wobei es eine sehr charakteristische Drohstellung einnimmt, indem es auf voll durchgestreckten Beinen daherkommt, so daß es plötzlich größer wirkt. Dieser Effekt wird noch verstärkt dadurch, daß es die Rückenhaare sträubt. Da der so entstandene »Kamm« am Hinterteil des Tieres höher ist, steigt die Rückenlinie zum Schwanz hin an. Das verleiht der angreifenden Katze eine Silhouette, die genau das Gegenteil von der niedergeduckten Haltung des schwächeren Rivalen darstellt, der sein Hinterteil knapp über dem Boden hält.

Langsam kommt der Angreifer näher, zeigt die Rückseite der Ohren, schreit, brummt und »gurgelt« dabei und wartet auf eine plötzliche Reaktion seines sich duckenden Gegners. Es ist schwer zu verstehen, wie diese so durch und durch feindseligen Laute des Angreifers jemals mißverstanden werden konnten als »Liebesgesang« der Kater. Da kann man sich nur fragen, wie das Liebesleben der Leute aussehen mag, die diese Bezeichnung eingeführt haben. Ich brauche hier wohl nicht weiter zu erwähnen, daß eine echte Brautwerbung in Katzenkreisen völlig anderes aussieht.

Wenn die angreifende Katze ihrem Rivalen sehr nahe gekommen ist, vollführt sie eine seltsame, aber sehr typische Kopfbewegung. In einer Entfernung von etwa einem Meter hebt sie ein wenig den Kopf und dreht ihn dann zur Seite, wobei sie ihren Gegner mit starrem Blick fixiert. Dann macht der Angreifer langsam einen Schritt vor und wendet den Kopf zur anderen Seite ab. Das kann sich mehrmals wiederholen und scheint den drohenden Nackenbiß anzukündigen.

Der Kopf wird in die Beißposition gedreht, wie um dem anderen zu bedeuten: »Das ist es, was du bekommst.« Mit anderen Worten, der Aggressor führt die Absichtsbewegung aus, die arttypisch ist für den Angriff.

Wenn zwei Katzen von gleichem Status sich begegnen und gegenseitig bedrohen, kann die Sache hier für längere Zeit an einen toten Punkt gelangen, da beide Tiere die gleiche, langsame und feindselige Annäherung vollführen, als brüsteten sie sich vor einem unsichtbaren Spiegel. Je näher sie einander kommen, desto langsamer und kürzer werden ihre Bewegungen, bis sie gewissermaßen einfrieren in ein lang hingezogenes Patt, das bis zu zwanzig Minuten dauern kann. Zwischendurch fahren sie fort mit ihrem eifrigen Miauen, Schreien und Ächzen, doch keiner ist bereit, zu kapitulieren. Schließlich gehen sie unter Umständen mit unglaublich langsamen Bewegungen wieder auseinander. Das Tempo dabei zu beschleunigen, käme einem Eingeständnis von Schwäche gleich und würde augenblicklich zu einer Attacke des Rivalen führen, deshalb müssen sich beide, um ihren Status zu wahren, mit fast unmerklichen Bewegungen zurückziehen.

Sollten die Drohungen und Gegendrohungen jedoch in einen ernsthaften Kampf münden, so fängt er damit an, daß einer der beiden Rivalen einen Ausfall macht und den Nakkenbiß anzubringen versucht. Wenn das geschieht, dreht sich der andere auf der Stelle um und verteidigt sich mit dem Fang, während er gleichzeitig mit den Vorderpfoten zuschlägt, sich mit scharfen Krallen auf den Gegner stürzt, sich festkrallt und ihn wild mit den kräftigen Hinterpfoten attakkiert. Dies ist der Punkt, an dem die Fetzen fliegen, wie das Sprichwort sagt, und das Grummeln wird durch lautes Jaulen und Kreischen ersetzt, während beide Gegner sich herumrollen, winden, sich gegenseitig beißen, kratzen und schlagen.

Diese Phase dauert nicht sehr lange, dazu ist sie zu anstrengend. Die Rivalen trennen sich schnell und fangen wieder mit den Drohgebärden an, starren einander an und brummen wieder tief in der Kehle. Dann wird der Angriff wiederholt, vielleicht sogar mehrfach, bis einer von beiden schließlich aufgibt und still am Boden liegenbleibt mit völlig angelegten Ohren. An diesem Punkt zieht der Sieger eine ganz typische »Show« ab. Er dreht sich eckig dem Verlierer zu und beginnt mit großer Konzentration den Boden abzuschnüffeln, als ob sich dort gerade in diesem Augenblick ein unwiderstehlich köstlicher Duft ausbreitete. Das Tier konzentriert sich so stark auf das Schnüffeln, daß es — wäre dies nicht feststehender Bestandteil aller Kämpfe — den Anschein einer echten Geruchskontrolle erweckte. Aber es ist nichts weiter als ein Ritual, ein Siegerverhalten, das dem sich duckenden Rivalen signalisiert, daß seine Ergebung und Kapitulation akzeptiert worden sind und die Schlacht vorbei ist. Nach dieser Zeremonie schlendert der Sieger langsam davon, und wenig später schleicht sich auch das unterlegene Tier fort und in Sicherheit.

Nicht alle Kämpfe werden mit einer solchen Intensität durchgeführt. Kleinere Meinungsverschiedenheiten werden geregelt durch Schlagabtausch mit den Vorderpfoten, wobei die Gegner sich mit ausgestreckten Krallen prügeln. Indem die Rivalen sich gegenseitig auf ihre Köpfe einschlagen, kann es ihnen gelingen, ihre Unstimmigkeiten beizulegen ohne das gesamte Kampfritual und das vorher beschriebene Gerangel voll auszuführen.

Warum macht eine Katze einen Buckel, wenn sie einen fremden Hund erblickt?

Wenn eine Katze sich durch einen großen Hund bedroht fühlt, richtet sie sich auf völlig ausgestreckten Beinen auf und krümmt gleichzeitig ihren Rücken in Form eines umgekehrten U. Die Absicht dieser Haltung liegt offensichtlich darin, daß die Katze so groß erscheinen möchte, wie nur möglich, in dem Versuch, den Hund davon zu überzeugen, daß er einem unerschrockenen Gegner gegenübersteht. Um den Ursprung dieses Verhaltensmusters zu verstehen, muß man sich klarmachen, was passiert, wenn Katzen sich gegenseitig bedrohen. Wenn eine Katze einer anderen gegenüber absolut feindselig eingestellt ist und dabei nur wenig Furcht empfindet, nähert sie sich ihr mit steifen, durchgestreckten Beinen und geradem Rücken. Wenn ihr Gegner außerordentlich furchtsam ist und keinerlei feindselige Haltung einnimmt, beugt er den Rücken und kauert sich auf den Boden. Nähert sich nun ein Hund einer Katze, so empfindet sie beides — starke Aggression *und* große Furcht. Diese konfliktgeladene, ambivalente Stimmung ruft das oben geschilderte spezielle Verhaltensmuster hervor. Die Katze entleiht das auffallendste Element ihrer Angriffsreaktion — die steifen Beine — und das auffallendste Element ihrer Angstreaktion — den gekrümmten Rücken — und erreicht, indem sie beide miteinander verbindet, das Aussehen einer größeren Katze. Hätte sie die anderen Elemente — den geraden Rükken der angriffslustigen und den niedergeduckten Körper der furchtsamen Stimmung — entliehen, wäre das Ergebnis alles andere als beeindruckend.

Die Tatsache, daß das Tier seine Beine streckt, den Rükken krümmt, zugleich das Fell sträubt und sich so auffällig seitlich vor dem Hund aufstellt, unterstützt das Imponierende seines Erscheinungsbildes. Diese vier Elemente zusammen ergeben eine maximale Größenwirkung. Auch wenn die Katze sich ein wenig zurückzieht, oder wenn sie auf den Hund zugeht, achtet sie stets sorgfältig darauf, ihm die Breitseite zuzuwenden, indem sie ihren Körper dem Hund darbietet wie die Mantilla eines Stierkämpfers.

Während sie einen Buckel macht, faucht und zischt die Katze drohend wie eine Schlange, aber dieses Fauchen wird zu einem Knurren, wenn sie den Angriff wagt. Schlägt sie dann tatsächlich auf den Hund ein, so fügt sie ihrem Repertoire ein explosives »Spucken« hinzu. Erfahrene Katzen lernen rasch, daß die beste Verteidigung einem feindseligen Hund gegenüber darin besteht, anzugreifen, nicht etwa darin, davonzulaufen. Aber es kostet schon Nerven, sich so zu verhalten, wenn der Hund ein Vielfaches von dem Gewicht der Katze auf die Waage bringt.

Die Alternative, das Heil in der Flucht zu suchen, birgt viel größere Risiken, weil die Katze, wenn sie flieht, den Jagdtrieb des Hundes auslöst. Für einen Hund bedeutet ein fliehendes Objekt nur eines — Futter —, und es ist äußerst schwierig, etwa die Lust zur Kaninchenjagd wieder in ihm zu unterdrücken, wenn sie erst einmal geweckt wurde. Selbst wenn die fliehende Katze stehenbleibt und sich tapfer dem Kampf stellt, besteht wenig Hoffnung für sie, weil der Hund sozusagen »Blut geleckt« hat und nun darauf aus ist, zu töten, Katzenbuckel hin oder her. Aber wenn die Katze vom ersten Augenblick an der Begegnung mit dem Hund standhält, hat sie eine gute Chance, das größere Tier abzuwehren, einfach indem sie es angreift, denn dadurch löst die Katze keines der üblichen »Beute-Signale« im Hund aus. Und der

Hund zieht es mit großer Wahrscheinlichkeit vor, sich einen würdevollen Abgang zu verschaffen, statt sich auf einen Schlagabtausch einzulassen, wenn scharfe Krallen auf seine empfindliche Nase zielen, und überläßt das fauchende Wutbündel lieber sich selber. Je kühner eine Katze also einem Hund gegenüber ist, desto sicherer ist es für sie.

Warum fauchen Katzen?

Es ist sehr wahrscheinlich, daß die Ähnlichkeit zwischen dem Fauchen einer Katze und dem Zischen einer Schlange kein Zufall ist. Es wird behauptet, daß es sich beim Fauchen einer Katze um einen Fall von Mimikry zum Zwecke des eigenen Schutzes handelt. Mit anderen Worten, die Katze imitiert eine Schlange, um bei einem Feind den Eindruck zu erwecken, daß sie beides sei: giftig und gefährlich.

Der Klang des Fauchens ist wirklich sehr ähnlich. Eine Katze, die sich von einem Hund oder einem anderen räuberischen Gegner bedroht fühlt, bringt einen Ton hervor, der fast identisch ist mit dem einer zornigen Schlange in der gleichen Lage. Raubtiere haben mit gutem Grund großen Respekt vor Giftschlangen und zögern oft absichtlich lange, so daß die Schlange fliehen kann. Dieses Zögern ist in der Regel eine angeborene Reaktion. Der Angreifer muß es nicht erst lernen, sich vor Schlangen zu hüten. Und ein Lernprozeß würde in diesem Zusammenhang auch nicht viel nützen, da die erste Lektion auch schon die letzte wäre. Wenn eine in die Enge getriebene Katze es schafft, den Angreifer zu beunruhigen, indem sie seine instinktive Furcht vor Schlangen weckt, liegt es auf der Hand, daß sie einen beachtlichen Vorteil errungen hat, und das ist wahrscheinlich die richtige Erklärung dafür, wie das Fauchen der Katzen sich innerhalb der Evolution entwickelt hat.

Die Tatsache, daß Katzen oft nicht nur fauchen, sondern auch spucken, erhärtet diese Theorie. Spucken ist nämlich eine weitere Reaktion einer Schlange angesichts einer Gefahr. Manchmal zuckt und schlägt eine in die Enge getriebene Katze auch mit dem Schwanz, und zwar auf eine ganz bestimmte Weise, die an die Bewegungen einer Schlange erinnert, die den Gegner angreifen oder fliehen will.

Schließlich wurde in diesem Zusammenhang auch noch darauf hingewiesen, daß eine schlafende getigerte oder gescheckte Katze, die sich auf einem Baumstumpf oder einem Stein fest zusammengerollt hat, in Farbe und Umriß einer zusammengerollten Schlange verblüffend ähnlich sieht. Schon im 19. Jahrhundert wurden Vermutungen der Art geäußert, daß die Musterung einer getigerten oder gefleckten Katze nicht einfach eine eigene Tarnung des Tieres sei, sondern eher eine Imitation der Tarnmerkmale der Schlange. Selbst ein Räuber wie der Adler, der eine solche schlafende Katze erspäht, wird es sich infolge dieser Ähnlichkeit zweimal überlegen, bevor er angreift.

Warum »wedelt« eine Katze mit dem Schwanz, wenn sie auf dem Rasen einen Vogel jagt?

Die Szene ist den meisten Katzenbesitzern vertraut: Durchs Fenster sehen sie, wie ihre Katze sich an einen Vogel heranpirscht, indem sie langsam näher herankriecht, den Kopf gesenkt und den Körper dicht am Boden. Dieses vorsichtige Kriechen, ein Versuch, sich so unauffällig wie möglich zu verhalten, wird plötzlich in dramatischer Weise zunichte gemacht durch den Schwanz des Tieres, der anfängt, unkontrollierbar durch die Luft zu peitschen. Das wirkt wie eine Fahne, die gehißt wird, um den Vogel eigens vor der nahenden Gefahr zu warnen. Das ins Auge gefaßte Beutetier nimmt das Zeichen natürlich augenblicklich wahr und bringt sich in Sicherheit. Zurück bleibt eine Katze, die frustriert in den Himmel starrt.

Katzenbesitzer, die Zeugen solcher Szenen wurden, sind bestürzt über die Unfähigkeit ihrer Katze. Weshalb »betrügt« der Katzenschwanz den übrigen Körper auf so niederschmetternde selbstverräterische Art? Gewiß hätten die wilden Vorfahren der domestizierten Katze mit einem so ernsthaften Defekt in ihrer Jagdtechnik gar nicht überleben können? Wir wissen, daß ein auffälliges Schwanzwedeln bei Katzen ein Verhaltenssignal darstellt, das einen akuten Konflikt anzeigt. Es ist hilfreich, wenn Katzen es untereinander austauschen, denn es stellt einen wichtigen Teil der Körpersprache der Katzen dar. Aber übertragen in das Verhaltensmuster der Jagd, wo allein die Augen des anvisierten Beutetiers das Signal wahrnehmen, läßt es die ganze listige Jagdtechnik in sich zusammenbrechen. Weshalb also wurde es für solche Zwecke nicht längst abgeschafft?

Um die Antwort zu finden, müssen wir einmal die normale Jagdabfolge der Katze anschauen. Die spielt sich nicht auf einem offenen Rasen ab und ist Katzenbesitzern daher weniger bekannt; dabei spielen Warten und Verstecken eine große Rolle. Wenn Katzenbesitzer per Zufall einmal eine Katze bei der Jagd überraschen, wird diese damit automatisch abgebrochen. Deshalb kann ein zufälliger Beobachter die ganze Sequenz nicht so leicht studieren. Das erfordert eine systematische und geheime Beobachtung von Katzen, bei der folgendes zutage kommt:

Erstens macht die Katze sich jede Deckung zunutze. Sie verbringt viel Zeit damit, halbversteckt im Unterholz oder Gebüsch zu liegen, wobei oft nur die Augen und ein Teil des Gesichtes zu sehen sind. Der Schwanz ist dabei meist vollständig der Sicht entzogen. Zweitens versucht sie nie, sich auf ein Beutetier zu stürzen, bevor sie ihm ganz nahe gekommen ist. Sie ist kein Beuteverfolger. Sie macht vielleicht ein paar verstohlene Sätze oder dringt in geduckter Lage ein wenig vor, aber dann hält sie wieder inne und wartet, bevor sie zum Endspurt ansetzt. Drittens sind die normalen Beutetiere der Katze nicht Vögel, sondern Nagetiere. Eine sorgfältige Studie über freilebende Katzen in den Vereinigten Staaten ergab, daß Vögel nur vier Prozent ihrer Nahrung ausmachen. Die ausgezeichnete Sehschärfe der Vögel und ihre Fähigkeit, sich aus dem Stand in die Luft zu erheben, machen sie zu ungeeigneten Beuteobjekten für domestizierte Katzen.

Diese drei Punkte zusammen erklären das Dilemma einer Katze aus der Vorstadt, die auf dem Rasen einen Vogel jagt. Es fängt schon damit an, daß die Katze auf der offenen, kurzgeschorenen Rasenfläche jeder natürlichen Deckung beraubt ist und ihr ganzer Körper gewissermaßen zur Schau gestellt wird. Das beeinträchtigt ihre Chancen in zweifacher Hinsicht. Einmal wird es der Katze fast unmöglich gemacht, sich nah genug heranzuschleichen für ihren Angriffssprung aus nächster Nähe, ohne vorher entdeckt zu werden. Das bringt sie in einen akuten Konflikt, einerseits will sie unbeweglich zusammengekauert bleiben, andererseits möchte sie vorpreschen und zuschlagen. Der Konflikt löst ein heftiges Schwanzwedeln aus, und das gleiche Fehlen von Deckung, das den Konflikt überhaupt hervorrief, offenbart dann unbarmherzig die heftigen Schwanzbewegungen dem verschreckten Blick des angepeilten Beutetieres.

Wenn jegliches Bemühen, einen Vogel auf einer offenen Rasenfläche zu fangen, von vornherein zum Scheitern verurteilt ist, weshalb bleibt die Katze dann so beharrlich dabei, es immer wieder zu versuchen? Die Antwort lautet, daß jede Katze einen starken Trieb empfindet, in regelmäßigen Abständen auf Jagd zu gehen, aber dieser Trieb ist entscheidend eingeschränkt und beschnitten durch die menschlichen Fortschritte bei der Schädlingsbekämpfung. In Städten, Ortschaften und Vorstädten sind die Nagetierpopulationen, die Häuser und andere Gebäude früher heimgesucht haben, durch moderne Techniken dezimiert worden. Gartenvögel mögen gleichfalls Schäden verursachen, aber ihr Reiz für das menschliche Auge hat sie vor einem ähnlichen Schicksal bewahrt. Deshalb befinden sich heute die auf Nagetierjagd eingestellten Katzen in einer völlig unnatürlichen Umgebung, frei von Mäusen und reich an Vögeln. Unter diesen Bedingungen können sie ihre natürliche Geschicklichkeit als Jäger nicht mehr sinnvoll anwenden. Dieser Stand der Dinge ist es, der die Katze dazu verurteilt, hoffnungslos, aber unter einem starken Zwang langsam auf offener Rasenfläche herumzukriechen und Vögel anzupeilen, die sich nicht packen lassen. Deshalb ist die Katze, wenn sie bei dieser Gelegenheit mit dem Schwanz verräterisch vor dem Beutetier wedelt, kein unfähiger, dummer Jäger, sondern schuld an dieser Situation sind wir, weil wir einen gewitzten Jäger zwingen, sich an einer so gut wie unlösbaren Aufgabe zu versuchen.

Warum »schnattert« eine Katze, wenn sie durchs Fenster einen Vogel sieht?

Nicht jeder Katzenbesitzer hat schon einmal diese seltsame Sache beobachtet, aber sie ist so merkwürdig, daß jeder, der sie einmal gesehen hat, sie nie wieder vergißt. Die Katze sitzt auf dem Fensterbrett, entdeckt einen kleinen Vogel, der zufällig draußen herumhüpft, und starrt ihn wie gebannt an. Und währenddessen beginnen durch eine Bewegung der Kiefer die Zähne zu klappern, was verschiedentlich beschrieben wurde als eine Art zitterndes Zähnerasseln. Eine dem Starrkrampf ähnliche Reaktion, die wie ein frustriertes Klappern der Kiefer wirkt, das in einem mechanischen Stakkato fortgesetzt wird. Was hat das zu bedeuten?

Es handelt sich um eine sogenannte Leerlauf-Handlung. Die Katze vollführt ihren hochspezialisierten Tötungsbiß, als hätte sie den unglücklichen Vogel bereits zwischen den Kiefern. Sorgfältige Untersuchungen über die Art und Weise, in der Katzen ihre Beute töten, haben ergeben, daß eine ganze besondere Kieferbewegung notwendig ist, um einen schnellen, fast augenblicklichen Tod herbeizuführen. Dies ist wichtig für eine Raubkatze, weil selbst das furchtsamste Beutetier noch entkommen kann, auch wenn es bereits gefangen war. So ist es lebenswichtig für die Katze, jedes Risiko zu vermeiden und möglichst herabzusetzen, damit sie nicht selber vom scharfen Schnabel eines Vogels oder von den kräftigen Zähnen eines Nagetiers verletzt wird. Deshalb heißt es keine Zeit verlieren. Nach dem Initialsprung, bei dem das Beutetier mit den starken Krallen der Vorderpfoten gepackt wird, beugt sich die Katze rasch herunter und zielt mit ihren langen Reißzähnen auf das Genick des Opfers. Mit einer schnellen, schnatternden Bewegung der Kiefer schlägt sie die Reißzähne in den Nacken und läßt sie zwischen den Wirbeln eindringen, um das Rückenmark durchzutrennen. Dieser Tötungsbiß setzt das Beutetier augenblicklich außer Gefecht, und es ist ein Manifestwerden jener speziellen Bewegung, die die frustrierte, durchs Fenster starrende Katze

beim aufreizenden Anblick eines leckeren kleinen Vogels draußen nicht zurückzuhalten in der Lage ist.

Übrigens wird dieser Tötungsbiß erleichtert durch eine bestimmte Einschnürung im Körperumriß des Beutetiers — ein Einschnitt, der die Stelle kennzeichnet, die den Kopf vom Körper trennt, und zwar bei kleinen Vögeln ebenso wie bei kleinen Nagetieren. Einige Beutetiere haben eine Abwehrtechnik entwickelt, die darin besteht, daß sie einen Buckel machen, um diese Stelle zu verbergen, so daß die Katze ihr Ziel verfehlt. Wenn der Trick funktioniert, kann die Katze vielleicht ihr Opfer in anderer Weise durch einen Biß verletzen, aber das führt nicht unmittelbar zum Tode, und in seltenen Fällen gelingt es dem Beutetier dann noch, sich in Sicherheit zu bringen, nämlich in dem Augenblick, in dem die Katze sich kurz ausruht in der Meinung, daß sie ihrem Opfer bereits den »Todesstoß« versetzt hätte.

Warum dreht eine Katze ihren Kopf von einer Seite zur anderen, wenn sie ihre Beute anstarrt?

Wenn eine Katze sich darauf vorbereitet, ihre Beute anzuspringen, schwingt sie manchmal den Kopf rhythmisch von einer Seite zur anderen. Das ist ein Kunstgriff, den viele Raubtiere mit binokularer Sehweise anwenden. Mit dem Hin- und Herdrehen des Kopfes versuchen sie, die Entfernung zum Beutetier möglichst genau abzuschätzen. Wenn Sie Ihren eigenen Kopf langsam von einer Seite zur anderen drehen, werden Sie merken, daß ein Objekt, je näher es Ihnen ist, sich desto mehr durch diese seitliche Kopfbewegung verschiebt. Mit Hilfe dieses Phänomens überprüft die Katze ihre Einschätzung der Entfernung, denn wenn sie den plötzlichen Satz nach vorn macht, muß er auf den Punkt genau stimmen — oder die Sache geht daneben.

Warum spielt eine Katze manchmal mit dem Beutetier, bevor sie es tötet?

Entsetzte Katzenbesitzer haben schon oft einen regelrechten Schock erlitten, wenn sie ihre Lieblingskatze dabei ertappten, wie sie offensichtlich eine Maus oder einen kleinen Vogel quälte. Anstatt die Beute mit dem Tötungsbiß, den die Katze perfekt beherrscht, zu erlösen, frönt sie einem grausamen Spiel von »Antippen und Verfolgen« oder »Fangen und wieder laufen lassen«, in dessen Folge das schreckerstarrte Opfer tatsächlich am Schock sterben kann, noch ehe es endlich durch einen »Gnadenstoß« erlöst wird. Warum tut die Katze das, wenn sie doch eine so perfekte »Tötungsmaschine« ist?

Ich muß vorausschicken, daß dieses Verhalten an wilden Katzen nicht zu beobachten ist. Es ist vielmehr eine Handlungsweise einer gutgefütterten Hauskatze, die nach Jagdaktivitäten geradezu giert —, aufgrund der »hygienischen« Verhältnisse, unter denen sie jetzt lebt — saubere Vorstädte und gepflegte Dörfer, in denen der Ausbreitung von Nagetieren schon seit längerer Zeit durch Gift und menschliche Kammerjäger ein Riegel vorgeschoben ist. Für eine solche Katze ist der zufällige Fang einer kleinen Feldmaus oder eines kleinen Vogels ein großes Ereignis. Sie kann es nicht über sich bringen, der Jagd ein Ende zu bereiten, sondern verlängert sie so lange wie nur möglich, bis das Beutetier stirbt. Der Jagdtrieb ist unabhängig vom Freßtrieb, wie jeder Katzenbesitzer weiß, dessen Katze, unmittelbar nachdem sie ihr Bäuchlein mit Dosenfutter gefüllt hat, einen Vogel auf dem Rasen jagt. Und so wie der Hunger ohne Nahrung wächst, so wächst der Jagdtrieb ohne Zugang zu irgendeiner Beute. Die Hauskatze zeigt eine typische Überreaktion, und das Beutetier muß deswegen einen langsamen Tod erleiden.

Wenn das so ist, sollte man annehmen, daß freilebende Katzen in ihrem harten Daseinskampf und Bauernkatzen, die zum Zweck des Mäuse- und Rattenfangens gehalten werden, mit ihren halbtoten Beutetieren sich nicht solchen Spielen hingeben. Meistens kommt das auch tatsächlich nicht vor, aber einige Beobachter haben entdeckt, daß weibliche Bauernkatzen es hin und wieder doch tun. Dafür gibt es aber eine besondere Erklärung. Als Katzenmutter gehört es zu ihren Aufgaben, lebende Beutetiere zum Nest zu bringen, um ihren Jungen in einem bestimmten Stadium ihrer Entwicklung den Tötungsbiß beizubringen. Diese mütterliche Verpflichtung wird verantwortlich gemacht für einen gewissen Hang der weiblichen Katze, mit der Beute zu spielen, und zwar auch dann, wenn sie nicht ausgehungert ist auf ein Jagderlebnis.

Es gibt noch eine andere Erklärung für dieses scheinbar so grausame Verhalten. Wenn Katzen Ratten angreifen, sind sie immer ziemlich nervös, weil ihre Opfer sich kräftig zu wehren wissen. Eine große Ratte kann einer Katze einen bösen Biß versetzen und muß deshalb überwältigt werden, bevor überhaupt der Versuch unternommen werden kann, den Tötungsbiß anzubringen. Das macht die Katze mit blitzschnellen Pfotenschlägen bei ausgestreckten Krallen. Mit einer Folge schnell verabreichter Tatzenschwinger dieser Art kann die Katze die Ratte hierhin und dorthin prügeln, bis diese benommen und halb betäubt ist. Erst dann riskiert es die Katze, sich mit dem Kopf nahe genug heranzuwagen, um den Tötungsbiß anzubringen. Manchmal kommt es vor, daß eine Katze eine kleine Maus so behandelt, als sei sie eine furchteinflößende Ratte, und anfängt, sie mit den Pfoten zu schlagen, anstatt sie ins Genick zu beißen. Das unverhältnismäßig wilde »Ohrfeigen« führt bei der Maus schnell dazu, daß das winzige Tier hin- und herfliegt. Wenn eine Katze sich so verhält, mag es den Anschein haben, als spiele sie mit der Beute, aber hierbei handelt es sich um etwas grundsätzlich anderes als beim spielerischen »Fangen und wieder laufen lassen« und sollte damit nicht verwechselt werden. Während sie spielt, hält die Katze den Biß absichtlich zurück, um die Jagd zu verlängern. Im anderen Fall des Verprügelns und Verfolgens zeigt die Katze einfach eine Überreaktion gegenüber der möglichen Gefahr, die von den Zähnen des Beutetiers droht. Es mag wie ein grausames Spiel aussehen, aber in Wirklichkeit handelt es sich um das Verhalten einer Katze, die sich ihrer selbst nicht ganz sicher ist. Selbst wenn das Beutetier schon fast oder ganz tot ist, kann eine solche Katze noch damit fortfahren, den Körper des Opfers herumzuschleudern, wobei sie ihn angestrengt beobachtet, um zu sehen, ob es da noch irgendeinen Hinweis auf Vergeltungsmaßnahmen gibt. Erst nachdem sie längere Zeit so mit ihrem Opfer umgegangen ist, wird die Katze zu der Entscheidung gelangen, daß sie nun ohne Gefahr den Tötungsbiß anbringen und die Beute verzehren kann. Eine erfahrene Jagdkatze, die ständig im Einsatz ist, reagiert niemals so, aber eine verzärtelte Hauskatze, die etwas »eingerostet« ist, was die Technik des schnellen Tötens angeht, mag vielleicht diesen sicheren Weg vorziehen.

Wie geht eine Katze mit ihrer selbstgefangenen Nahrung um?

Unmittelbar nach der Tötung unternimmt die Katze einen kleinen Spaziergang, eine seltsame Routinehandlung, an der sie festhält. Vorausgesetzt, daß sie nicht fast umkommt vor Hunger, spaziert sie eine Weile hin und her, als ob sie die Notwendigkeit verspüre, die Spannung der Jagd-und-Tötungs-Sequenz abzubauen. Erst dann setzt sie sich hin, um das Beutetier zu verzehren. Diese Pause mag für die anschließende Verdauung der Katze von Bedeutung sein, indem sie dem Verdauungstrakt die Möglichkeit gibt, sich nach dem Adrenalinstoß der gerade vergangenen Minuten zu beruhigen. Während dieser Pause kann ein Beutetier, das seinen Tod nur vorgetäuscht hat, versuchen zu entkommen, und bei sehr seltenen Gelegenheiten hat es damit auch Erfolg, bevor die Katze wieder in Jagdstimmung gerät.

Wenn die Katze sich schließlich dem Beutetier wieder nähert, um es zu verspeisen, stellt sich das Problem, wie sie es präparieren soll, um es leicht hinunterschlingen zu können. Kleine Nagetiere bereiten ihr keine Schwierigkeiten. Sie werden vom Kopf her aufgefressen, und falls das Fell mitgeschluckt wird, wird es später wieder erbrochen. Manche Katzen sondern Gallenblase und Darm säuberlich aus und lassen sie übrig, aber andere sind zu hungrig, um darauf zu achten und schlingen das ganze Tier problemlos herunter.

Bei Vögeln sieht die Sache wegen der Federn schon anders aus, aber auch hier werden die kleineren Exemplare ganz verschlungen, mit Ausnahme der Schwanz- und Flügelfedern. Vögel von der Größe einer Drossel oder Amsel werden vor dem Verspeisen ein wenig gerupft, aber dann fängt die Katze auch schon ungeduldig mit der Mahlzeit an. Nach einer Weile hört sie auf, um noch ein paar Federn zu entfernen, bevor sie weiterfuttert. Größere Vögel erfordern jedoch ein sorgfältigeres Rupfen, und wenn es einer Katze gelungen ist, eine Taube oder einen noch größeren Vogel zu töten, muß sie das Federkleid entfernen, bevor sie anfangen kann zu fressen.

Um eine Taube zu rupfen, muß die Katze zuerst mit den Vorderbeinen den Vogelkörper herunterdrücken, dann ein Federbüschel mit den Zähnen packen, den Kopf mit den fest zusammengepreßten Kiefern mit einer gewissen Kraftanstrengung hochreißen und schließlich das Maul öffnen und den Kopf heftig von einer Seite zur anderen schütteln, um die ausgerupften Federn wieder loszuwerden. Während sie so den Kopf schüttelt, spuckt sie heftig und macht mit der Zunge ganz bestimmte Bewegungen, indem sie nach außen hin leckt und dabei versucht, die Mundhöhle von widerspenstig haftenden Federn zu säubern. Dabei legt sie von Zeit zu Zeit eine Pause ein und leckt sich inzwischen die Flanken. Hierbei handelt es sich um eine Umkehrung der üblichen Fellpflege. Normalerweise reinigt die Zunge das Fell, aber

hier reinigt das Fell die Zunge. Auch die letzten Überreste werden entfernt, dann kann die nächste Rupfaktion stattfinden.

Der Antrieb dazu, die Federn eines großen Vogels zu rupfen, scheint angeboren zu sein. Ich habe einmal einer Wildkatze, die in einem Zoo im Käfig lebte, und ständig große Fleischbrocken als Nahrung bekam, eine tote Taube gebracht. Die Katze war so aufgeregt, als sie einen voll befiederten Vogel sah, daß sie mit einer geradezu ekstatischen Rupforgie begann, die sie so lange fortführte, bis der gesamte Vogelkörper vollständig nackt war. Anstatt sich dann aber hinzusetzen, um zu fressen, richtete die Katze ihre Aufmerksamkeit auf das Gras um sie herum und begann es büschelweise auszurupfen. Immer von neuem rupfte sie die Grasbüschel aus dem Boden und schleuderte sie solange mit den charakteristischen Bewegungen des Vogelrupfens beiseite, bis ihr vermutlich lange frustrierter Trieb, ihre Nahrung vorzubereiten, erschöpft war und die Katze sich endlich wieder der Taube zuwandte und mit ihrer Mahlzeit begann. Ganz offensichtlich unterliegt das Rupfen einer eigenen Motivation, die — genau wie andere bekanntere Triebe — durch die Gefangenschaft frustriert werden kann.

Der seltsamste Aspekt beim Federnrupfen ist der, daß Katzen in Europa es in anderer Weise ausführen als in Amerika. Alle europäischen Arten vollführen beim Rupfen eine Zickzackbewegung, die mit dem beschriebenen Kopfschütteln durchgeführt wird, während die nord- und südamerikanischen Katzen die Federn mit einer langen vertikalen Bewegung ausziehen, und zwar in gerader Linie. Es scheint also, daß sie trotz der großen Ähnlichkeit zwischen den Kleinkatzen auf beiden Seiten des Atlantiks doch zwei ganz unterschiedlichen Gruppen angehören.

Wie erfolgreich ist eine Katze bei der Bekämpfung sogenannter Schädlinge?

Bevor die Katze dazu ausersehen wurde, Gefährte und Haustier wohlgesonnener Menschen zu sein, basierte die Beziehung zwischen Mensch und Katze auf der Fähigkeit des Tieres, Schädlinge zu vernichten. Seit die Menschheit angefangen hat, Getreidevorratshaltung zu betreiben, hatte die Katze ihr Teil dazu beigetragen, und sie tat es mit großem Erfolg.

Vor nicht allzu langer Zeit glaubte man, der beste Weg, Bauernkatzen dazu zu bewegen, Ratten und andere Nagetiere zu töten, bestünde darin, die Jagdkatzen so hungrig wie möglich zu halten. Das mag außerordentlich einleuchtend erscheinen, ist aber falsch. Hungrige Bauernkatzen nehmen ein riesiges Jagdgebiet in Anspruch auf der Suche nach Nahrung und töten weniger Schädlinge auf dem Bauernhof selbst. Katzen, die dagegen vom Bauern gefüttert werden, bleiben in der Nähe und vernichten daher mehr Schädlinge auf dem Hof selbst. Die Tatsache, daß sie gefüttert werden und nicht besonders hungrig sind, wirkt sich nicht darauf aus, wie viele Beutetiere sie täglich töten, weil der Jagdtrieb unabhängig ist vom Nahrungstrieb. Katzen jagen, um zu jagen. Als dies eines Tages der bäuerlichen Bevölkerung klar wurde, gelang es ihr, die Katzen mehr in der Nähe des Hofes zu halten und den Schaden, den die Nager ihren Vorräten zufügten, zu reduzieren. Eine kleine Gruppe gut betreuter Bauernkatzen kann jedes Anwachsen der Nagetierpopulation in Schach halten. Vor dem Eingreifen der Katzen war es dagegen nicht möglich, größeren Heimsuchungen von seiten der Nager mit Erfolg vorzubeugen.

Einem verbürgten Bericht zufolge ist der absolute Weltmeister unter den Mäusefängern ein getigerter Kater gewesen, der in einer Fabrik in Lancashire lebte, wo er während seines ungewöhnlich langen Lebens von insgesamt 23 Jahren mehr als 22 000 Mäuse erlegte. Das sind etwa drei am Tag, was einer angemessenen Tagesration einer Hauskatze entspricht, die von ihren menschlichen Freunden ihr »Zubrot« bekommt. Bei weitem übertroffen wird diese Leistung aber vom Weltmeister unter den Rattenfängern. Diese Ehre gebührt einer weiblichen getigerten Katze, die sich ihre Verpflegung im White-City-Stadion beschaffte. In einem Zeitraum von nur sechs Jahren fing sie nicht weniger als 12 480 Ratten, was einem täglichen Ertrag von fünf oder sechs Ratten gleichkommt. Das ist eine bemerkenswerte Leistung, und es ist leicht einzusehen, weshalb die alten Ägypter sich die Mühe machten, Katzen zu domestizieren, und weshalb die Tötung einer Katze von ihnen mit dem Tode bestraft wurde.

Warum bringen Katzen ihren Besitzern oft frisch gefangene Beutetiere?

Weil sie ihre Besitzer als hoffnungslos unfähige Jäger ansehen. Obwohl die Katze normalerweise zu Menschen als zu ihren Pseudo- oder Adoptiveltern aufblickt, betrachtet sie sie in dieser Hinsicht als ihre Familie, mit anderen Worten, als ihre Jungen. Wenn kleine Kätzchen nicht wissen, wie sie Mäuse und Vögel fangen und fressen sollen, muß die Katzenmutter es ihnen zeigen. Katzen, die Beutetiere heimbringen und ihren Besitzern als Geschenk anbieten, sind meist auch sterilisierte Weibchen. Nicht in der Lage, diese Taten für ihren eigenen Nachwuchs durchzuführen, adressieren sie sie nun an ihre menschlichen Gefährten.

Der in dieser Weise beschenkte Mensch schreckt häufig entsetzt und ärgerlich zurück, insbesondere dann, wenn das kleine Nagetier oder der kleine Vogel noch halb lebendig ist und um sein Leben kämpft. Die Katze ist ob dieser unverständlichen Reaktion völlig ratlos. Für ihre großzügige Geste gescholten, erscheint ihr menschlicher Freund ihr wieder einmal absolut rätselhaft. Die richtige Reaktion bestünde darin, die Katze für ihre mütterliche Großzügigkeit zu loben, ihr das Beutetier mit vielen Komplimenten und Streicheleinheiten abzunehmen und schleunigst verschwinden zu lassen.

Unter natürlichen Bedingungen bringt eine Katzenmutter ihrem Wurf schrittweise das Fangen von Beutetieren bei. Wenn die Kleinen etwa sieben Wochen alt sind, tötet sie ihre Beutetiere zwar an Ort und Stelle, doch anstatt sie gleich zu verzehren, bringt sie sie zu ihren Jungen. Dort fängt sie an, das getötete Tier zu fressen und läßt die Jungen dabei zuschauen. Die nächste Phase besteht darin, daß sie wiederum die tote Beute mitbringt, aber mit ihr spielt, bevor sie sie verzehrt, so daß ihre Katzenjungen beobachten können, wie sie das Beutetier mit den Pfoten schlägt und packt. Die dritte Phase schließlich beinhaltet, daß sie den Jungen das Beutetier zum Fressen überläßt. Aber noch immer ist die Mutter nicht bereit, zu riskieren, den Jungen ein lebendiges oder selbst ein halbtotes Tier zu bringen, weil es sie leicht beißen oder angreifen könnte, wenn sie nicht damit rechnen. Das tut sie erst, wenn die Kleinen schon ein wenig älter sind, und dann tötet sie zunächst selber das Beutetier vor deren Augen. Sie schauen aufmerksam zu und lernen dabei. Unter Umständen werden sie die Mutterkatze dann schon bei der Jagd begleiten und versuchen, selber ein Beutetier zu erlegen.

Warum fressen Katzen Gras?

Die meisten Katzenbesitzer haben schon beobachtet, wie ihre Katzen manchmal zu einem Büschel langer Grashalme im Garten laufen und anfangen, daran zu kauen und zu beißen. Katzen, die in Wohnungen ohne Zugang zu einem Garten leben, in dem sie herumstreifen können, verursachen bekanntlich häufig beachtliche Schäden an Zierpflanzen in dem verzweifelten Versuch, einen Grasersatz zu finden. In manchen Fällen haben solche Katzen sich sogar selber Schaden zugefügt dadurch, daß sie an giftige Zimmerpflanzen gingen.

Viele Katzenexperten haben sich schon über dieses Verhalten Gedanken gemacht, und einige haben offen zugegeben, daß sie keine Erklärung dafür wissen. Andere haben eine Vielfalt verschiedener Antworten angeboten. Viele Jahre lang hielt man es für am einleuchtendsten, daß Katzen Gras als eine Art Abführmittel brauchen, das ihnen hilft, lästige Haarballen, die sich in ihren Därmen festgesetzt haben, leichter auf natürlichem Wege wieder herauszubefördern. Eine naheliegende Erklärung war ebenfalls, daß sie Gras fressen, um dadurch die Haarballen erbrechen zu können. Diese Überlegung basiert auf der Beobachtung, daß Katzen sich manchmal übergeben, wenn sie Gras zu sich genommen haben. Aber man übersah dabei, daß einer Katze vielleicht ohnehin schlecht war und sie deshalb den Wunsch verspürte, Gras zu fressen und das Grasfressen selbst also nicht schuld an dem Erbrechen war.

Eine weniger populäre Erklärung besagt, daß das Gras der Katze im Falle einer Halsentzündung hilft oder bei einer Magenverstimmung. Einige Katzenforscher gingen einfach über das Thema hinweg mit der Bemerkung, es handele sich dabei um eine Anreicherung der Nahrung mit Ballaststoffen.

Keine dieser Erklärungen ist sehr überzeugend. Die Menge an Gras, die tatsächlich verzehrt wird, ist außerordentlich gering. Wenn man Katzen dabei beobachtet, wie sie an langen Grashalmen herumkauen, gewinnt man den Eindruck, daß sie nur ein wenig Saft aus den Blättern und Stengeln aufnehmen. Jedenfalls kommt das der Sache sehr viel näher, als daß sie eine nennenswerte Menge davon als Zusatz- und Ballaststoffe zu sich nähmen.

Die neueste — und zugleich wahrscheinlichste — Erklärung ist, daß Katzen Gras kauen, um winzige Mengen einer chemischen Substanz aufzunehmen, die sie bei ihrer Fleischkost nicht erhalten und die für ihre Gesundheit unentbehrlich ist. Es handelt sich um das wasserlösliche Vitamin Folsäure, das für Katzen lebensnotwendig ist, weil es eine entscheidende Rolle bei der Produktion von Hämoglobin spielt. Leidet eine Katze unter Folsäuremangel, so wird ihr Wachstum beeinträchtigt und sie kann ernsthaft anämisch werden. Katzenbesitzer, deren Tiere keinen Zugang zu irgendwelchen Grasflächen besitzen, lösen das Problem manchmal, indem sie Grassamen in einer Schale ansetzen

und in ihrer Wohnung ein Rasenstück züchten, damit ihre Katzen darauf herumkauen können.

Allerdings muß gesagt werden, daß Katzen, mögen sie auch die pflanzliche Ernährung zur Fleischkost benötigen, in erster Linie und vor allem Karnivoren, Fleischfresser, sind und als solche behandelt werden müssen. Gegenwärtige Versuche von durchaus gut meinenden Vegetariern, ihre Katzen auf fleischfreie Kost umzustellen, sind ein grausamer Irrtum. Katzen werden bei einer vegetarischen Diät rasch ernstlich krank und können bei dieser Ernährungsweise nicht lange überleben. Eine vor kurzem erschienene Veröffentlichung vegetarischer Rezepte, die als für Katzen geeignet empfohlen werden, ist ein klarer Fall von Tierquälerei und sollte auch als solche gewertet werden.

Was macht eine Katze mit ihren Schnurrbarthaaren?

Die übliche Antwort lautet, daß Schnurrbarthaare Fühler sind, durch die die Katze in die Lage versetzt wird, zu erkennen, ob ein Loch groß genug ist, damit sie hindurchschlüpfen kann. Aber die Wahrheit ist weit komplizierter und interessanter. Zusätzlich zu ihrer offensichtlichen Rolle als sensible Fühler dienen die Schnurrbarthaare auch dazu, Luftströmungen wahrzunehmen. Wenn die Katze sich im Dunkeln bewegt, muß sie Gegenstände umgehen, ohne sie zu berühren. Jeder feste Körper, dem sie sich nähert, verursacht leichte Luftwirbel, winzige Störungen innerhalb der normalen Luftströmung, und die Schnurrbarthaare der Katze sind so unglaublich sensibel, daß sie diese minimalen Änderungen wahrnehmen, sodaß die Katze massive Hindernisse bemerken und darauf reagieren kann, ohne sie zu berühren.

Die Schnurrbarthaare sind von außerordentlicher Bedeutung — und tatsächlich lebensnotwendig —, wenn die Katze nachts jagt. Wir wissen das auf Grund folgender Beobachtungen: Eine Katze mit heilen Schnurrbarthaaren kann im Dunkeln ebenso einwandfrei töten wie bei strahlender Helligkeit. Eine Katze mit beschädigten Schnurrbarthaaren kann nur im Hellen einwandfrei töten, bei Dunkelheit verfehlt sie den Tötungsbiß und schlägt ihre Zähne in einen anderen Körperteil des Beutetieres. Das bedeutet, daß in der Dunkelheit, wenn die Sicht behindert ist, gesunde Katzen in der Lage sind, sich ihrer Schnurrbarthaare als hochempfindlichen Leitsystems zu bedienen. Sie besitzen eine ganz erstaunliche Fähigkeit, im Bruchteil einer Sekunde den Körperumriß des Opfers auszumachen und den Katzenbiß auf das Genick des unglücklichen Opfers auszurichten. In irgendeiner Weise müssen die Spitzen der Schnurrbarthaare die Einzelheiten des Umrisses der Beutetiere »lesen« können — so wie ein Blinder Blindenschrift liest — und der Katze im selben Augenblick mitteilen, wie sie zu reagieren hat. Fotografien von Katzen, die Mäuse zwischen den Kiefern tragen, nachdem sie sie gefangen haben, zeigen, daß die Schnurrbarthaare den Körper des Nagetiers fast vollständig umschließen, wobei sie fortfahren, jede Information über die leiseste Bewegung zu übermitteln, wenn das Beutetier noch am Leben sein sollte. Weil die Katze von Natur aus überwiegend ein Nachtjäger ist, sind ihre Schnurrbarthaare offensichtlich für ihr Überleben von entscheidender Bedeutung.

Anatomisch gesehen, sind die Schnurrbarthaare stark verlängerte und versteifte Haare, die wesentlich dicker als ge-

wöhnliche Katzenhaare sind. Sie entspringen dem Gewebe über der Oberlippe der Katze und sind dreimal so tief verankert wie andere Haare. Sie sind zusätzlich mit einer großen Anzahl von Nervenenden verbunden, die jede Information über jeden Kontakt, den sie ausmachen, oder jede Veränderung im Luftdruck sofort dem Hirn übermitteln. Im Durchschnitt besitzen Katzen 24 Schnurrbarthaare, zwölf auf jeder Seite der Nase, die in vier horizontalen Reihen angeordnet sind. Sie sind in der Lage, sich sowohl vorwärts als auch rückwärts zu bewegen, vorwärts, wenn die Katze irgend etwas erforscht, fürchtet oder ausprobiert, rückwärts, wenn sie in Abwehrstimmung oder aus Vorsicht vermeidet, irgend etwas zu berühren. Die oberen beiden Reihen können unabhängig von den beiden unteren Reihen bewegt werden, und die stärksten Schnurrbarthaare befinden sich in den Reihen zwei und drei.

Der Fachausdruck für diese Schnurrbarthaare ist *Vibrissae,* und die Katze besitzt eine große Anzahl weiterer verstärkter Haare dieser Art an anderen Teilen ihres Körpers: einige an den Wangen, über den Augen, am Kinn und, überraschenderweise, an der Rückseite der Vorderbeine. Alle sind höchst sensible Bewegungsdetektoren, aber die übermäßig langen Schnurrbarthaare sind bei weitem die wichtigsten Vibrissae, und die Engländer bezeichnen also durchaus zu Recht etwas ganz Besonderes als »the cat's whiskers« — »die Schnurrbarthaare der Katze«.

Warum leuchten Katzenaugen im Dunkeln?

Weil sie eine die Sicht intensivierende Einrichtung am Augenhintergrund besitzen. Es ist ein lichtreflektierender Belag, der *tapetum lucidum* heißt (was wörtlich »leuchtender Teppich« bedeutet), der wie ein Spiegel hinter der Netzhaut wirkt und Licht auf die Nervenzellen zurückwirft. Damit kann die Katze jede noch so geringe Helligkeit, die auf ihre Augen trifft, nutzen. Wir absorbieren mit unseren Augen viel weniger von der Helligkeit, die wir aufnehmen. Wegen dieses Unterschiedes können Katzen Bewegungen und Objekte im Halbdunkeln ausmachen, die für uns völlig unsichtbar bleiben.

Trotz dieser auffälligen nächtlichen Sehfähigkeit stimmt es nicht, daß Katzen bei vollständiger Finsternis sehen können, wie einige zu glauben scheinen. In einer pechschwarzen Nacht müssen sie sich an Geräuschen, Gerüchen und mit Hilfe der Sensibilität ihrer erstaunlichen Schnurrbarthaare orientieren.

Warum zieht sich die Pupille der Katze zu einem senkrechten Spalt zusammen?

Dadurch, daß sich die Pupille zu einem Spalt zusammenzieht und nicht zu einem winzigen Kreis, erhält die Katze eine bessere Kontrolle darüber, wieviel Licht in die Augen einfällt. Für ein Tier mit Augen, die sensibel genug sind, noch bei sehr schwachem Licht Wahrnehmungen zu machen, ist es wichtig, nicht von strahlendem Sonnenlicht geblendet zu werden, und die Verengung der Pupillen zu schmalen Spalten verleiht eine bessere Möglichkeit, den Lichteinfall zu reduzieren. Der Grund für die vertikalen — und nicht horizontalen — Spalten im Katzenauge liegt in der zusätzlichen Möglichkeit, den Lichteinfall noch durch das Schließen der Lider zu vermindern. Mit diesen beiden

Schlitzen — dem vertikalen der Pupillen und dem horizontalen der Augenlider —, die in rechtem Winkel zueinander wirken, besitzt das Katzenauge die genaueste Einstellvorrichtung für jedes Objekt und jedes Tier, das sie erblickt und das ihr sonst als blendendes Lichtbündel erschiene.

Eine Bestätigung der Tatsache, daß die nächtliche Sensibilität des Katzenauges in engem Zusammenhang steht mit der Konstruktion ihrer Pupillen zu Schlitzen, fand man bei der Beobachtung von Löwen. Sie sind nämlich Tagjäger, und ihre Pupillen ziehen sich — wie unsere — bei Licht zu winzigen runden Stecknadelköpfen zusammen.

Können Katzen Farben sehen?

Ja, aber nur schlecht. In der ersten Hälfte dieses Jahrhunderts war man überzeugt, daß Katzen total farbenblind wären, und ein Katzenexperte drehte ein bekanntes Sprichwort in folgender Weise um: »Ob Tag oder Nacht, Katzen sehen alles grau.« Das war der vorherrschende Standpunkt in den vierziger Jahren, aber während der letzten Jahrzehnte wurden sorgfältigere Untersuchungsmethoden ausgearbeitet, und jetzt weiß man, daß Katzen zwischen bestimmten Farben unterscheiden können, aber offensichtlich nicht zwischen besonderen Farbnuancen.

Die Ursache für das frühere Scheitern von Experimenten, bei denen überprüft wurde, ob Katzen Farben unterscheiden können, lag in der unzulänglichen Methode. Bei Unterscheidungstests fand die Katze subtile Unterschiede in der Abschattierung von Grautönen rasch heraus und suchte in gewohnter Weise auch dann noch nach Unterschieden, wenn man sie mit zwei Farbtafeln von genau dem gleichen Grauton konfrontierte. Deshalb kam man bei diesen Tests zu negativen Ergebnissen. Nun verwendet man verfeinerte Testmethoden, und moderne Studien konnten den Beweis erbringen, daß Katzen zwischen folgenden Farben unterscheiden können: Rot und Grün, Rot und Blau, Rot und Grau, Grün und Blau, Grün und Grau, Blau und Grau, Gelb und Blau und Gelb und Grau. Ob sie auch noch zwischen anderen Farbpaaren unterscheiden können, ist noch nicht eindeutig geklärt. Ein maßgeblicher Experte glaubt beispielsweise, daß Katzen außerdem Rot und Gelb unterscheiden können, aber andere teilen diese Ansicht nicht.

Was immer das endgültige Resultat dieser Untersuchungen sein mag, eines ist sicher: Farben spielen im Leben der Katze keine so wichtige Rolle wie in unserem. Ihre Augen sind viel mehr darauf abgestimmt, im Zwielicht zu sehen, wobei sie nur ein Sechstel der Helligkeit benötigen, die wir brauchen, um die gleichen Details der Bewegungen und Umrisse wahrzunehmen.

Wie geht eine Katzenmutter mit ihren Neugeborenen um?

Wenn die neun Wochen dauernde Trächtigkeitsperiode dem Ende entgegengeht, wird die werdende Katzenmutter rastlos und sucht überall nach einem geeigneten Lager oder Nest, in welches sie ihre Kätzchen legen kann. Sie hält Ausschau nach einem ruhigen, abgeschiedenen und trockenen Platz. Im Haus hört man seltsame Laute aus Schränken und anderen Ecken und Winkeln, wenn die Katze eine Vielzahl von Plätzen auf ihre Eignung hin erforscht. Plötzlich, nach großem Heißhunger, schwindet ihr Appetit und sie verweigert das Essen, was bedeutet, daß der Augenblick der Geburt bevorsteht, vielleicht schon kurzfristig. Jetzt verschwindet die Katze und widmet sich nur noch ihrer wichtigen Aufgabe, einen Wurf gesunder Kätzchen zur Welt zu bringen.

Einige Katzen hassen Störungen in diesem Stadium und werden nervös, wenn man ihnen allzuviel Beachtung schenkt. Anderen — für gewöhnlich Tiere, die im Haus nie viel Abgeschiedenheit kennengelernt haben — scheint es ziemlich gleichgültig zu sein, was um sie herum vorgeht. Unkomplizierte und besonders glücklich veranlagte Katzen gehen kooperativ in eine speziell vorbereitete Wurfbox, ausgerüstet mit weicher, warmer Unterlage und leicht zugänglich für eine menschliche Hebamme, falls eine solche benötigt werden sollte. Andere Katzen lehnen das perfekt vorbereitete Bettnest, das ihnen angboten wird, eigensinnig ab und verschwinden ungeeigneterweise im Schuhschrank oder an irgendeinem anderen möglichst dunklen und abgelegenen Ort.

Die Niederkunft ist für eine durchschnittliche Katze eine länger andauernde Prozedur. Mit einem typischen Wurf von circa fünf Kätzchen und einem typischen Abstand von etwa dreißig Minuten zwischen der Ankunft eines jeden dauert der ganze Prozeß etwa zwei Stunden, wonach dann beide, Katze und Junge, völlig erschöpft sind. Einige Katzen gebären sehr viel schneller — ein Kätzchen pro Minute —, aber das kommt selten vor. Bei anderen dauert es vielleicht etwa eine Stunde von Kätzchen zu Kätzchen, aber das ist auch ungewöhnlich. Der typische Zeitabstand von etwa einer halben Stunde beruht nämlich nicht auf einem reinen Zufall. Er läßt der Mutter gerade genügend Zeit, sich um ein Junges zu kümmern und es zu versorgen, bevor das neue ankommt.

Die Fürsorge, die sie den Neugeborenen zukommen läßt, umfaßt drei Hauptphasen. Zuerst reißt sie die Embryonalhülle auf, die das Kleine umgibt, wenn es auf die Welt kommt. Dann verwendet sie besondere Sorgfalt darauf, die Nase und den Mund des Neugeborenen zu reinigen, dadurch ermöglicht sie ihm überhaupt erst den ersten Atemzug. Wenn dieses schwierige Stadium vorbei ist, beginnt sie aufzuräumen, beißt die Nabelschnur durch und frißt sie auf, wobei sie rund 2,5 Zentimeter vor dem Bauch der kleinen Katze aufhört. Diesen Stummel läßt sie stehen, er trocknet nach und nach aus und fällt schließlich von selbst ab. Dann verzehrt sie die Nachgeburt, die sie mit wertvoller Nahrung versorgt und sie für die langen Stunden der Vollpflege stärkt, die ihr jetzt während des ersten Lebenstages der Jungen bevorstehen. Danach putzt sie das Kätzchen von oben bis unten und hilft ihm dabei, sein von der Geburt noch nasses Fellchen zu trocknen, und schließlich ruht sie sich ein wenig aus. Bald schon erscheint das nächste Kätzchen, und die ganze Prozedur beginnt von neuem. Wenn die Katzenmutter übermüdet ist, gegen Ende eines ungewöhnlich großen Wurfes, kann es passieren, daß sie die letzten ein oder zwei Kätzchen nicht mehr beachtet und sterben läßt, aber die meisten Katzen sind erstaunlich gute Hebammen und benötigen keine Hilfe von ihren menschlichen Besitzern.

Wenn die Kätzchen sich von dem Geburtstrauma erholt haben, fangen sie an, herumzuwühlen und eine Zitze zu suchen. Die erste Nahrung, die sie erhalten, ist von lebenswichtiger Bedeutung, weil sie ihnen gleichzeitig bei der Immunisierung gegen Krankheiten hilft. Bevor die Katzenmutter die schwere Nährmilch erzeugt, bringt sie eine dünnflüssige Erstmilch hervor, die Kolostralmilch genannt wird, reich an Antikörpern ist und den Kätzchen bei der Vorbeugung im bevorstehenden Kampf gegen Kinderkrankheiten hilft. Sie ist außerdem mit Proteinen und Mineralstoffen angereichert und wird von der Katzenmutter einige Tage lang produziert, bevor sie anfängt, die normale Muttermilch hervorzubringen.

Wie vermeiden die Katzenkinder Streit, wenn sie bei der Mutter trinken?

Einige Tage nach der Geburt hat jedes Kätzchen eine ganz persönliche Zuneigung zu einer eigenen Zitze der Mutter entwickelt, die es spielend wiedererkennt. So verblüffend das auch klingen mag: Das ist deshalb möglich, weil jede Zitze einen ganz spezifischen Geruch hat. Wir wissen das daher: Wenn die Bauchregion einer Mutterkatze von ihren menschlichen Besitzern gewaschen wird, so daß ihr natürlicher Geruch verschwindet, können die Kätzchen ihre bevorzugte Zitze nicht mehr finden. Und anstatt friedlich ihre üblichen Plätze einzunehmen, reagieren sie desorientiert und es kommt zu Kabbeleien.

Es lohnt sich daher, darüber nachzudenken, daß in der noch so »simplen« Welt ganz junger Kätzchen schon eine Geruchsorientierung möglich ist, die derart subtile Unterschiede erkennen läßt, daß jedes seine Zitze so eindeutig ausmachen kann, als wäre wie bei unseren Kindern am Schulspind eine Namenskarte angebracht, und daß auf diese Weise bei der Fütterung eine friedliche Teilung der Nahrung zustande kommt.

Wie entwickeln sich junge Katzen?

Bei der Geburt sind die Kätzchen blind und taub, haben aber schon einen gut entwickelten Geruchssinn. Sie reagieren auch bereits sensibel auf Berührungen und fangen bald an, nach den Zitzen der Mutter zu suchen. In diesem Stadium wiegen sie zwischen 55 und 115 Gramm, das durchschnittliche Geburtsgewicht liegt etwa bei 100 Gramm. Sie sind ungefähr 12,7 Zentimeter lang.

Am vierten Tag beginnen die Kätzchen bereits mit dem Treteln der Vorderpfoten, das den Milchfluß der Mutter stimulieren hilft. Am Ende der ersten Woche ihres Lebens fangen ihre Augen an, sich zu öffnen, und sie wiegen jetzt etwa doppelt so viel wie bei der Geburt. Wenn sie sich dem Ende ihres ersten Lebensmonats nähern, zeigen sie die ersten Anzeichen davon, miteinander zu spielen. Sie können sich jetzt mit größerer Sicherheit bewegen und aufsetzen. Welche Farbe ihre Augen auch immer im späteren Leben haben werden, in diesem Stadium sind alle Kätzchen blauäugig, und so bleiben sie bis zum Alter von etwa drei Monaten. Ihre Zähne fangen im Alter von einem Monat an durchzubrechen.

Ungefähr mit 32 Tagen fressen sie das erste feste Futter, aber sie werden nicht entwöhnt, ehe sie zwei Monate alt sind. (Bei Wildkatzen dauert es länger, bis die Jungen entwöhnt sind, etwa vier Monate.) Während ihres zweiten Lebensmonats werden die Katzenjungen sehr lebhaft und spielen intensiv miteinander. Wenn sie im Haus leben, benutzen Kätzchen etwa ab der sechsten Woche gemeinsam mit ihrer Mutter deren Katzenklo. Spielerisches Kämpfen und Jagen spielt vom Ende des zweiten Monats eine Hauptrolle in ihrem Tagesablauf.

In ihrem dritten Lebensmonat erleiden sie einen Schock. Die Mutter verweigert ihnen die gewohnte Nahrung aus ihren Zitzen. Sie müssen jetzt vollständig damit auskommen, feste und flüssige Nahrung aus einem Napf zu schlecken. Schon lange zuvor ist ihre Mutter in der Regel wieder rollig geworden und konzentriert sich nun aufs neue auf ihre Verehrer unter den Katern.

In ihrem fünften Monat fangen die jungen Katzen an, ihr heimatliches Revier mit Duftmarken zu versehen. Sie verlieren ihre Milchzähne und erforschen ihre aufregende neue Welt in einer weniger spielerischen Art und Weise. Die Veränderung besteht darin, daß ihre Mutter jetzt meist schon wieder trächtig ist, wenn ihre Besitzer sie nicht gegen ihren Willen im Haus eingeschlossen haben.

Mit sechs Monten sind die jungen Katzen völlig unabhängig und in der Lage, Beute zu jagen und sich selbständig durchs Leben zu schlagen.

Warum bringt eine Katze ihre Jungen in ein anderes Nest?

Wenn die Kätzchen zwischen zwanzig und dreißig Tagen alt sind, bringt ihre Mutter sie für gewöhnlich in ein neues Nest. Jedes Kätzchen wird am Genick hochgenommen, und die Mutter trägt es mit möglichst hocherhobenem Kopf zu seinem neuen Platz. Wenn die Katze es über eine längere Entfernung tragen muß, kann es vorkommen, daß sie unterwegs ermüdet, ihren Kopf sinken läßt und ihre Last eher schleift als trägt. Die Kätzchen wehren sich nie, sondern hängen schlaff und still zwischen den Kiefern der Mutter, den Schwanz hochgebogen zwischen den angezogenen Hinterbeinen. Diese Stellung macht den Körper der Kätzchen so kurz wie möglich, was die Gefahr verringert, daß er unterwegs irgendwo vorprallt, wenn es unsanft vom alten ins neue Nest transportiert wird.

Sobald die Mutter an dem neuen Platz, den sie ausgewählt hat, ankommt, öffnet sie die Kiefer und läßt das Kätzchen einfach auf den Boden fallen. Dann kehrt sie um, holt das nächste Kätzchen und das übernächste, bis der ganze Nachwuchs umgezogen ist. Wenn sie das letzte gebracht hat, unternimmt sie einen letzten Gang zurück, um noch einmal das alte Nest zu inspizieren und sich so nochmals zu versichern, daß nicht doch eines zurückgelassen wurde. Das legt die Vermutung nahe, daß das Zählen nicht gerade zu den Glanzleistungen der Katze gehört.

Man nimmt allgemein an, daß dieser Umzug entweder dadurch motiviert ist, daß das alte Nest verschmutzt war oder daß es für die Kätzchen zu klein wurde. Diese Erklärungen scheinen sehr logisch, entsprechen aber nicht den Tatsachen. Auch eine Katze mit einem großen, sauberen Nest wird höchstwahrscheinlich daran gehen, ihren Nachwuchs zu diesem Zeitpunkt umzuquartieren. Die richtige Antwort hat etwas mit den Erfahrungen der wilden Vorfahren der domestizierten Katze zu tun. In einer natürlichen Umgebung, weit entfernt von Dosenfutter und gefüllten Milchfläschchen, mußte die Katzenmutter zu diesem Zeitpunkt damit anfangen, Beutetiere zum Nest zu schleppen, um die Raubtier-Instinkte der Jungen zu wecken. Wenn die Kätzchen zwischen dreißig und vierzig Tagen alt sind, müssen sie allmählich feste Nahrung zu sich nehmen, und eben dieser Wechsel in den Nahrungsgewohnheiten steckt hinter der ganzen Umzugsaktion. Das erste Nest muß nach den Gesichtspunkten maximaler Geborgenheit und Sicherheit gewählt werden. Die

Kätzchen sind am Anfang völlig hilflos und benötigen in erster Linie Schutz. Aber während des zweiten Lebensmonats, wenn ihre Zähne durchgebrochen sind, müssen sie von ihrer Mutter lernen, wie man Beutetiere erlegt und verspeist. Deshalb ist das zweite Nest erforderlich, das diesen »Unterricht« erleichtert. Die wichtigste Voraussetzung ist jetzt die größtmögliche Nähe zu dem besten Futterangebot, was die Aufgabe der Katzenmutter erleichtert, für ihre Jungen immer wieder Nahrung heranzuschleppen.

Diese Umzugsaktion liegt auch der domestizierten Katze im Blut und wird durchgeführt, wenn man ihr nur halbwegs eine Chance dazu läßt, trotz der Tatsache, daß das Fütterungsproblem bereits gelöst ist durch das regelmäßige Nachfüllen der Futterschüssel durch ihre menschlichen Besitzer. Es handelt sich also um ein altes Verhaltensmuster von Mutterkatzen, das ebenso wie das Jagen nicht eliminiert wird trotz des bequemen Lebensstils in der Domestikation.

Zusätzlich zu dem Verhaltensmuster »Umzug zwecks Nahrungsbeschaffung« gibt es natürlich viele Beispiele dafür, daß eine Katze rasch ihren Nachwuchs fortträgt, wenn sie den Eindruck hat, daß ihr Nest in Gefahr ist. Wenn die menschliche Neugier zu stark wird und die Leute ständig mit neugierigen Augen und tastenden Händen das Nest in seinem Versteck inspizieren, können die fremdartigen menschlichen Gerüche es der Katze verleiden. Die Mutter wird dann wahrscheinlich nach einem anderen Versteck Ausschau halten, einfach um ihre Privatsphäre zu schützen. Umzüge dieser Art können in jedem Stadium der Aufzuchtphase stattfinden. Bei wilden Katzenarten können Einmischungen in ein Nest mit Jungen zu dramatischen Ergebnissen führen: Die Mutter kann sich weigern, sie weiterhin als ihren Nachwuchs anzuerkennen, sie verlassen oder sogar auffressen. Was dabei tatsächlich geschieht, ist folgendes: Die fremden Gerüche am Körper der Kätzchen machen sie zu einer fremden Spezies, mit anderen Worten, zu einer Art Beutetier, und die normale Art, auf so ein Objekt zu reagieren, ist, es zu verzehren. Domestizierte Katzen reagieren selten in dieser Weise, da sie sich so stark an die Gerüche und Ausdünstungen ihrer menschlichen Besitzer gewöhnt haben, daß sie sie nicht mehr als fremdartig einstufen. Deshalb bleiben Kätzchen, die von Menschen angefaßt werden, in der Regel »in der Familie«, auch wenn sie dabei neue Geruchskomponenten annehmen.

Wie lernen junge Katzen, ihre Beute zu töten?

Die Antwort lautet kurz: Sie brauchen nicht zu lernen, wie der Tötungsakt durchzuführen ist, es hilft ihnen aber, wenn sie von der Mutter einige Anweisungen bekommen. Kätzchen, die von Wissenschaftlern isoliert von der Mutter aufgezogen wurden, waren durchaus in der Lage, ihre Beute zu töten, wenn man ihnen zum ersten Mal lebende Nagetiere zuführte. Allerdings hatten nicht alle diese Kätzchen dabei Erfolg. Von zwanzig Kätzchen, die getestet wurden, töteten nur neun, und nur drei davon verzehrten auch tatsächlich die getötete Beute. Junge Katzen, die in einer Umgebung aufgewachsen waren, in der immer wieder Nagetiere getötet wurden und wo sie zwar Zeuge des Erlegens, nicht aber des Verzehrens der Beute waren, hatten sehr viel mehr Erfolg. Achtzehn von zwanzig Kätzchen, die getestet wurden, töteten ihre Beutetiere, und neun davon verzehrten dann auch tatsächlich ihre erlegte Beute.

Interessanterweise haben von achtzehn Kätzchen, die in Gesellschaft von Nagetieren aufwuchsen, später nur drei Nagetiere gejagt und getötet. Die anderen fünfzehn konnten allerdings später auf das Töten von Nagetieren abgerichtet werden, indem sie zuschauten, wie andere Katzen sie töteten. Für sie waren Nagetiere Familienangehörige geworden und gehörten nicht in die Kategorie der Beutetiere. Sogar die drei Kätzchen, die von Anfang an Nager erlegten, griffen niemals Nagetiere an, die zu der gleichen Art gehörten wie diejenigen, mit denen sie aufgezogen worden waren. Obgleich sicher ist, daß es einen angeborenen Tötungstrieb bei

Katzen gibt, kann dieses Verhaltensmuster doch durch unnatürliche Aufzuchtbedingungen ausgelöscht werden.

Andererseits müssen wirklich tüchtige Ratten- und Mäusefänger eine Kindheit erleben, die ihnen soviel Gelegenheit zum Jagen und Töten bietet wie nur irgend möglich. Die besten Jäger sind diejenigen, die als Junge in der Lage waren, ihre Mutter bei ihren Streifzügen zu begleiten und sie beim Umgang mit der Beute zu beobachten. Auch profitieren die Kätzchen davon, wenn ihnen die Katzenmutter in noch zarterem Alter die Beute zum Nest bringt und vorzeigt. Wenn die Jungen zwischen der 16. und 20. Lebenswoche keine Beutetiere zum Nest gebracht bekommen, sind sie in ihren späteren Jahren meist sehr viel weniger erfolgreiche Jäger.

Warum werfen junge Katzen ihr Spielzeug manchmal hoch in die Luft?

Die Szene ist allgemein bekannt. Ein Kätzchen hat genug vom Anpirschen und Jagen des Balls. Plötzlich und ohne Vorwarnung schnellt eine seiner Vorderpfoten unter den Ball, wirft ihn in die Luft und nach hinten über seinen Kopf hinweg. Während der Ball durch die Luft fliegt, dreht die junge Katze sich blitzschnell um und verfolgt ihn, indem sie wieder auf ihn einschlägt und ihn »erlegt«. Eine gewisse Variante zu diesem Verhaltensmuster besteht darin, daß das Kätzchen, mit einem größeren Ball konfrontiert, den Rückwärtsschlag mit beiden Vorderpfoten gleichzeitig ausführt.

Die übliche Interpretation dieses spielerischen Verhaltens besagt, daß das Kätzchen erfinderisch ist und praktische Intelligenz besitzt. Weil sein Spielzeug nicht wie ein lebendiger Vogel in die Luft fliegt, bringt das Kätzchen Leben hinein, indem es den Ball über seine Schulter wirft, damit es sich dann daran erfreuen kann, einem reizvolleren, »lebendigen« Beuteersatz nachzujagen. Diese Ansicht spricht dem Kätzchen die bemerkenswerte Fähigkeit zu kreativem Spiel zu — die Fähigkeit, einen fliegenden Vogel zu erfinden. Zur Erhärtung dieses Gedankens wird angeführt, daß keine erwachsene Katze, die einen wirklichen Vogel jagt, jemals eine vergleichbare Aktion mit den Vorderpfoten ausübt. Diese Aktion, so heißt es, ist ein echt erfinderisches Moment und spiegelt die fortgeschrittene Intelligenz des Kätzchens wider.

Leider ist diese Deutung falsch. Sie basiert auf der Unkenntnis der instinktiven Jagdaktionen der Katze. Unter den Bedingungen der Wildnis verfügen Katzen über drei verschiedene Verhaltensmuster des Angriffs, die davon abhängig sind, ob sie Mäuse, Vögel oder Fische jagen. An Mäuse pirschen sie sich heran, springen sie an, halten sie mit den Vorderpfoten fest und beißen dann zu. An Vögel pirschen sie sich heran und springen sie an, und wenn der Vogel in die Luft fliegt, springen sie hoch, ihm nach, um ihn doch noch zu erhaschen, und »angeln« mit beiden Vorderpfoten gleichzeitig nach ihm. Wenn sie schnell genug sind und den Vogelkörper mit einer Zangenbewegung ihrer Vorderpfoten festhalten können, ziehen sie ihn *herunter* auf den Boden, um den Tötungsbiß anzubringen. Weniger bekannt ist die Art und Weise, in der Katzen Fische fangen. Sie gehen dabei folgendermaßen vor: Zuerst liegen sie wartend am Ufer, dann, wenn ein Fisch nichts Böses ahnend näher heranschwimmt, tauchen sie rasch eine Pfote ins Wasser, lassen sie blitzschnell unter den Fischkörper gleiten und schleudern den Fisch aus dem Wasser. Die Richtung dieses Schleuderns zeigt nach hinten, über die Schulter der Katze, und sie wirft den Fisch natürlich aus dem Wasser. Wenn der aufgeschreckte Fisch auf dem Gras hinter der Katze landet, dreht der Jäger sich schnell um und springt ihn an. Wenn der Fisch

zu groß ist, um mit den Krallen einer Vorderpfote weggeschleudert zu werden, riskiert die Katze es unter Umständen, beide Pfoten gleichzeitig ins Wasser zu tauchen, um den Fisch mit ihren ausgezogenen Krallen aus dem Wasser zu reißen und dann die Beute rückwärts über ihren Kopf aufs Land zu schleudern.

Es sind diese instinktiven Bewegungen des Fischens, die das Kätzchen vorführt, wenn es den Spielzeugball hochschleudert, und nicht irgendwelche erlernten oder erfundenen Aktionsformen. Der Grund dafür, daß das in der Vergangenheit übersehen wurde, liegt darin, daß nur wenige Menschen je beobachtet haben, wie Katzen in der Wildnis mit Erfolg fischen, wohingegen viele Leute gesehen haben, wie ihre Katze auf dem Gartenrasen einem Vogel nachspringt.

Ein holländisches Untersuchungsprojekt konnte aufzeigen, daß das »Aus-dem-Wasser-Holen« von Fischen und die Schleuderbewegung über die Schulter überraschend früh zum Repertoire der Kätzchen gehören, und zwar ohne mütterliche Instruktionen. Kätzchen, denen man Gelegenheit gab, von ihrer fünften Lebenswoche an regelmäßig Fische zu fangen, wurden auch ohne die Anwesenheit ihrer Mutter im Alter von nur sieben Wochen zu erfolgreichen Anglern. So tut das spielende Kätzchen, wenn es einen Ball über die Schulter wirft, tatsächlich nur das, was es auch tun müßte, wenn es in der Nähe eines Weihers oder Flusses in der Wildnis aufgewachsen wäre.

Wann werden Katzen geschlechtsreif?

Etwa wenn sie ein Jahr alt sind; das ist aber sehr unterschiedlich. Bei Katern beträgt das früheste belegte Alter für die volle Geschlechtsreife sechs Monate, aber das ist anomal. Acht Monate signalisieren gleichfalls eine große Frühreife; das typische männliche Jungtier wird sexuell nicht aktiv, bevor es zwischen elf und zwölf Monaten alt ist. Bei Katern, die im Freien leben, kann es noch erheblich länger dauern, nämlich bis sie etwa fünfzehn oder achtzehn Monate alt sind, wahrscheinlich, weil sie im Wettbewerb mit älteren Katern schlechte Chancen haben.

Bei Kätzinnen kann das Heranreifen relativ kurz dauern, sechs oder acht Monate sind so das Übliche, aber man weiß auch von sehr jungen weiblichen Tieren — zwischen drei und fünf Monaten alt —, die bereits ihre sexuelle Reife erlangt hatten. Dieser frühe Beginn scheint von den unnatürlichen Bedingungen der Domestikation abhängig zu sein. Bei wilden Katzen sind eher zehn Monate die Norm.

Für die europäische Wildkatze beginnt beispielsweise die Zeit der Fortpflanzungsfähigkeit im März. Ihre Trächtigkeit beträgt 53 Tage, und im Mai kommen die Jungen zur Welt. Im späten Herbst machen sie sich selbständig und, falls sie den Winter überleben, beginnt die Zeit ihrer Reife im folgenden März, wenn sie ungefähr zehn Monate alt sind. Ihr erster eigener Wurf kommt zur Welt, wenn sie ein Jahr alt sind. Für diese wilden Katzen gibt es nur eine Paarungsperiode im Jahr, so daß die jungen Kater manchmal geduldig sein und auf die folgende Saison warten müssen, bevor sie aktiv werden können.

Dieser Zyklus der Wildkatzen ist offensichtlich an die wechselnden Jahreszeiten und das unterschiedliche Nahrungsangebot gebunden, aber für die verzärtelte Hauskatze gibt es solche Probleme nicht. Mit ihren auf das metallische Geräusch des Dosenöffners abgestimmten Jagdohren und dem leisen Summen der Zentralheizung im Hintergrund, hat die Luxuskatze im Haus wenig zu fürchten von dem Jahreszyklus der Natur. Als Ergebnis sind ihre Trächtigkeitsperioden weniger starr festgelegt als die ihres wildlebenden Gegenstücks. Sie kann schon in der zweiten Hälfte des Januar rollig werden und Anfang April Nachwuchs zur Welt bringen. Zwei Monate später, wenn ihre Kätzchen entwöhnt sind und ein neues Heim gefunden haben, kann sie gut und gern schon mit einem neuen Fortpflanzungszyklus anfangen und einen zweiten Wurf im Spätsommer hervorbringen. Durch den Verlust des einfachen Jahresrhythmus ist es zu einer großen Streuung gekommen innerhalb des Alters junger domestizierter Katzen, was zu weiteren Abweichungen dabei führt, wie schnell sie sexuell aktiv werden.

Es sind Fälle berichtet worden von Wildkatzen, die im August noch einen zweiten Wurf zur Welt brachten, aber es ist stark zu vermuten, daß dies nur dann vorkommt, wenn es sich um eine Paarung zwischen Wildkatzen und freilebenden, domestizierten Katzen handelt.

Wie schnell vermehren sich Katzen?

Wenn keine Einschränkungen da wären, würde sich eine Katzenpopulation in erschreckendem Ausmaß vermehren. Das liegt daran, daß die Weibchen ausgezeichnete Mütter sind und daß die Domestikation zu einer möglichen Verdreifachung der Würfe geführt hat und zu einer Steigerung der Anzahl von Jungen in den einzelnen Würfen. Europäische Wildkatzen mit ihrem einzigen Wurf im Jahr bringen im Durchschnitt zwei bis vier Kätzchen zur Welt, aber domestizierte Katzen können im Durchschnitt vier bis fünf Kätzchen bei jedem ihrer drei Würfe im Jahr in die Welt setzen.

Eine einfache Rechnung, die von einem einzigen Paar domestizierter Katzen ausgeht und einer Gesamtzahl von vierzehn Kätzchen pro Jahr mit insgesamt drei Würfen, zeigt, daß dieses Paar in nur fünf Jahren 65 536 Nachkommen haben kann. Dabei wird vorausgesetzt, daß alle Kätzchen überleben, daß gleich viele Männchen wie Weibchen geboren werden und daß alle anfangen sich fortzupflanzen, wenn sie ein Jahr alt sind. In Wirklichkeit fangen die Weibchen damit wahrscheinlich schon etwas früher an, so daß die Zahl noch höher sein dürfte. Dem entgegen steht allerdings die nicht zu übersehende Tatsache, daß viele Jungkatzen durch Krankheiten und Unfälle umkommen.

Düstere Zukunftsaussichten für hoffnungsvolle Hausmäuse: eine Alptraumwelt voller Katzen, Katzen und noch mehr Katzen. Aber sie wird nie Wirklichkeit werden, weil es genügend verantwortungsbewußte Katzenbesitzer gibt, die einsehen, daß Geburtenkontrolle auch und gerade *ihre* Lieblingskatze angeht, um die Gesamtpopulation unter Kontrolle bekommen zu können. Heute ist es allgemein üblich, sowohl Kater als auch Weibchen unfruchtbar zu machen; Schätzungen zufolge haben mehr als 90 % aller Kater in England solche Operationen über sich ergehen lassen müssen. Bei Kätzinnen, denen man die Fortpflanzung gestattet, werden die Würfe meist auf ein oder zwei Kätzchen reduziert, die »überschüssigen« läßt man vom örtlichen Tierarzt schmerzlos einschläfern. Mancherorts bestehen wirklich erbarmungslos Ausrottungsprogramme für freilebende oder streunende Katzen, und in einigen Ländern versucht man durch orale Verhütungsmethoden, indem der streunenden Katzenpopulation zusammen mit dem Futter »die Pille« verabreicht wird, der Überzahl zu Leibe zu rücken. Israel behauptet beispielsweise, die Geburt von ca. 20 000 Kätzchen pro Jahr mit Hilfe dieser Methode zu verhindern.

Trotz solcher Bemühungen gibt es zur Zeit noch immer gut eine Million freilebender und streunender Katzen allein in Großbritannien. Man schätzt, daß es allein im Großraum London etwa eine halbe Million sind. Zusätzlich gibt es zwischen vier und fünf Millionen Hauskatzen, was insgesamt eine beachtlich starke Katzenpopulation ausmacht, wobei eine Katze im Schnitt auf zehn Menschen kommt.

Wie spielt sich die Brautwerbung bei Katzen ab?

Katzen investieren viel Zeit in die Vorbereitungen zum Paarungsakt, und ihre langanhaltenden »Orgien« sowie ihre Promiskuität haben ihnen seit Jahrhunderten den Ruf lasziver und wollüstiger Geschöpfe eingetragen. Dieser Ruf ist nicht dadurch zustande gekommen, daß der Paarungsakt selbst lang oder besonders erotisch wäre. Tatsächlich dauert der gesamte Prozeß der Kopulation selten länger als zehn Sekunden, oft ist er sogar kürzer. Was ihnen vielmehr den Ruf der Lüsternheit eintrug, ist die oberflächliche Ähnlichkeit ihrer gruppensexuellen Begegnungen mit einem Rockertreff. Da gibt es Weibchen, die in einem Augenblick fauchend und kreischend auf die Männer einschlagen, um sich gleich darauf wollüstig am Boden zu rollen. Und da ist der Kreis der Männchen, die sich japsend und heulend gegenseitig anknurren, während einer nach dem anderen — so scheint es — den Versuch macht, das Weibchen zu vergewaltigen.

Die Wahrheit sieht etwas anders aus. Zugegeben, der ganze Vorgang kann Stunden, mit einigen Unterbrechungen sogar Tage dauern, sexuelle Aktivität im Non-Stop-Verfahren, aber es ist das Weibchen, das weitgehend verantwortlich ist für das, was da geschieht. Sie spielt hier die erste Geige, nicht die Männchen.

Es fängt damit an, daß das Weibchen in Hitze gerät und die Kater ruft. Diese reagieren auch auf den spezifischen sexuellen Geruch des Weibchens und kommen aus der ganzen Umgebung herbei. Derjenige Kater, dessen Territorium sie ausgewählt hat, um ihre Show abzuziehen, ist von vornherein im Vorteil, weil die anderen Kater von benachbarten Territorien Hemmungen haben, auf sein Gebiet vorzudringen. Aber einem Weibchen in Hitze zu widerstehen, das geht doch über ihre Kräfte, deshalb nehmen sie das Risiko auf sich. Das führt zu einer Vielzahl von Kabbeleien zwischen den verschiedenen Katern (und das ist meist Ursache für den ganzen Lärm — das Schreien und Heulen der Kater wird fälschlich als sexuell bedingt gedeutet, während es in Wirklichkeit einzig und allein aggressiv ist). Aber der Brennpunkt des allgemeinen Interesses ist das Weibchen, und das dämpft die Kampfeslust der Kater und erlaubt ihnen, sich im Kreis um sie zu versammeln.

Sie produziert sich vor ihnen mit Schnurren und Rufen, Auf-dem-Boden-Rollen, und reibt und windet sich in einer Art und Weise, die die Kater so fasziniert, daß alle Blicke auf sie fixiert sind. Möglicherweise nähert sich einer der Kater ihr, wahrscheinlich der Eigentümer des Territoriums, und setzt sich direkt neben sie. Der Dank dafür ist, daß sie ihn mit Schlägen der Vorderpfoten attackiert — mit ausgefahrenen Krallen. Sie faucht und knurrt ihn an, und er zieht sich

wieder zurück. Jeder andere Kater, der sich ihr in dieser zu frühen Phase nähert, wird bald in derselben Weise verjagt. Sie ist Herrin der Situation, und sie allein wird entscheiden, welcher Kater sich ihr nähern darf. Das Männchen, das diesen Erfolg für sich verbuchen kann, muß nicht der dominierendere unter den anwesenden Katern sein. Sie kann es sich aussuchen. Aber es gibt gewisse strategische Schachzüge, die den Katern zum Erfolg verhelfen können. Der wichtigste darunter ist der, sich ihr nur dann vorsichtig zu nähern, wenn sie in die andere Richtung schaut. Sobald sie den Kopf in seine Richtung wendet, erstarrt der Kater wie bei dem Kinderspiel »Meister, wieviel Schritte darf ich ...?« Sie greift natürlich nur an, wenn sie die Annäherung des Katers direkt bemerkt, nicht aber seinen regungslosen Körper, der ihr auf irgendeine magische Weise ein wenig nähergekommen ist. Auf diese Weise kann ein geschickter Kater ihr ganz nah kommen. Er begrüßt sie dann mit einem seltsamen leisen Zirpen, und wenn sie es aufgibt, ihn anzufauchen und anzuzischen, wagt er möglicherweise einen Paarungsversuch. Er fängt damit an, daß er plötzlich ihr Genick fest zwischen seine Zähne nimmt, und dann vorsichtig den »Übertritt« macht. Wenn sie zur Kopulation bereit ist, macht sie den Oberkörper flach und hebt das Hinterteil hoch, wobei sie den Schwanz auf die eine Seite schwingt. Diese Position ist das endgültige, einladende Signal an den Kater, das ihm die Paarung erlaubt.

Nach einiger Zeit ändert sich der Stil der »Orgie«. Die Kater sind befriedigt und zeigen immer weniger Interesse an der Kätzin. Sie dagegen scheint immer wollüstiger zu werden. Nachdem sie in der vergleichsweise kurzen Zeit von vielleicht einigen Tagen alle Kater nach und nach erhört hat, sollte man meinen, daß auch sie befriedigt wäre, aber das ist nicht der Fall. Solange ihre Hitzeperiode auf dem Höhepunkt bleibt, will sie begattet werden, und jetzt muß sie die Kater dazu verführen. Anstatt sich rar zu machen, muß sie sich jetzt bemühen, das Interesse der Kater anzufachen. Sie tut das mit vielen Locklauten und Sich-Reiben und wälzt sich vor allem viel auf dem Boden herum. Die Kater sitzen immer noch im Kreis um sie herum, beobachten sie und bringen es fertig, von Zeit zu Zeit genügend Enthusiasmus zu entwickeln, um sich wieder mit ihr zu paaren. Schließlich ist alles vorbei, und die Chancen des Weibchens, nach einem solchen Erlebnis unbefruchtet nach Hause zu kommen, sind außerordentlich gering.

Warum packt der Kater das Weibchen beim Zeugungsakt im Genick?

Auf den ersten Blick scheint es sich um einen Akt männlicher Brutalität zu handeln, ähnlich der Art und Weise, wie der Höhlenmensch im Comic seine Partnerin am Haar packt und in seine Höhle zerrt. Nichts könnte der Wahrheit weniger nahekommen. Bei den Katzen dominiert in allen sexuellen Angelegenheiten das Weibchen, und niemals der Kater. Die Kater mögen zwar wilde Kämpfe untereinander ausfechten, aber wenn sie sexuell erregt sind und versuchen, die »Queen« zu erobern, sind sie keineswegs die Paschas. Es ist das Weibchen, das ausholt und die Kater verprügelt. Der Biß ins Genick mag brutal aussehen, aber in Wirklichkeit handelt es sich um eine verzweifelte List des Katers, um sich selbst vor weiteren Angriffen zu schützen. Es geht dabei um eine ganz spezifische Art von Schutz. Der Kater versucht nicht, das Weibchen gewaltsam niederzuhalten, damit es nicht ausbrechen und ihn angreifen kann. Dafür ist es viel zu stark. Statt dessen spielt der Kater einen Verhaltenstrick aus. Alle Katzen, ob weiblich oder männlich, reagieren in besonderer Weise, wenn sie fest im Genick gepackt werden, was auf die Zeit ihrer Kindheit zurückgeht. Wenn Kätzchen in dieser Weise von der Mutterkatze getragen werden, löst das bei ihnen eine automatische Reaktion aus. Die Mutter benutzt diesen »Tragegriff«, wenn es notwendig wird, die Jungen von einem unsicher gewordenen an einen sicheren Platz zu transportieren. Es ist lebenswichtig, daß die Kätzchen bei solchen Gelegenheiten, wo tatsächlich ihr Überleben auf dem Spiel stehen kann, nicht anfangen, sich zu sträuben. Das hilft der Mutter bei ihrer schwierigen Aufgabe, den Nachwuchs in Sicherheit zu bringen. Wenn sie heranwachsen, verlieren Katzen nie ganz diese Verhaltensweise, wie man selber ausprobieren kann, wenn man eine erwachsene Hauskatze fest an der Nackenhaut packt. Sie hört augenblicklich auf, sich zu bewegen, und verhält sich einige Zeit regungslos, bevor sie unruhig wird. Wenn man sie dagegen fest an irgendeinem anderen Körperteil packt, setzt diese Unruhe viel schneller ein, wenn nicht sogar augenblicklich. Diese Art der »Immobilisierung« ist der Trick, den Kater bei ihren möglicherweise wilden Weibchen zur Anwendung bringen. Die Weibchen sind so darauf aus, ihre Krallen einzusetzen, daß die Kater dringend einen solchen Kunstgriff benötigen. Solange sie das Nackenfell der Partnerin zwischen ihren Zähnen halten, haben sie eine gute Chance, die Weibchen zurückzuverwandeln in das hilflose Kätzchen im Maul der Mutter, sie also in die sogenannte Tragestarre zu versetzen. Ohne einen solchen Trick würden die Kater von der Katzenhochzeit mit noch mehr Blessuren heimkommen als ohnehin schon.

Warum schreit das Weibchen bei der Paarung?

Wenn der Kater den Kopulationsakt beendet hat, der nur wenige Sekunden dauert, dreht das Weibchen sich blitzschnell um und greift ihn an. Sie schlägt wild zu, die Krallen gespreizt, und schreit laut. Wenn er seinen Penis zurückzieht und von ihr absteigt, muß er sich beeilen, andernfalls kann es leicht geschehen, daß sie ihn verletzt. Der Grund für ihre heftige Reaktion in diesem Stadium ist leicht zu verstehen, wenn man einmal die Vergrößerung eines Katerpenis mikroskopisch genau betrachtet. Im Gegensatz zum normalerweise glatten Penis vieler anderer Säugetiere ist dieser Körperteil beim Kater mit kurzen, scharfen Stacheln bedeckt, die alle mit ihrer Spitze nach hinten gerichtet sind. Das bedeutet, daß der Penis leicht eingeführt werden kann, aber beim Zurückziehen brutal die Wände der weiblichen Vagina zerkratzt. Das bereitet dem Weibchen intensive, krampfartige Schmerzen, und aus diesem Grunde reagiert es aggressiv und mit einem zornigen Kreischen. Der angegriffene Kater kann natürlich gar nichts dafür. Er kann die Stacheln nicht entfernen oder anlegen, auch nicht, wenn er wollte. Sie sind nun einmal da, und sie sind sogar um so größer, je größer die sexuelle Virilität des Katers ist. Deshalb bereitet der Kater, der am meisten »sexy« ist, dem Weibchen die größten Schmerzen.

Das mag wie eine bizarre sadomasochistische Evolutionserscheinung in der Sexualität bei Katzen klingen, aber es gibt einen ganz spezifischen biologischen Grund dafür. Beim Menschen sieht es so aus, daß Frauen, solange sie nicht schwanger sind, in regelmäßigen Abständen Ovulationen

(Eisprünge) haben, ob sie mit einem Mann geschlafen haben oder nicht. Auch bei Jungfrauen findet regelmäßig jeden Monat die Ovulation statt. Bei Katzenweibchen ist das nicht der Fall. Eine jungfräuliche Katze wird niemals eine Ovulation haben. Katzenweibchen haben nur dann eine Ovulation, wenn sie zuvor von einem Männchen begattet wurden. Es dauert auch dann noch eine gewisse Zeit — etwa 25 bis 30 Stunden —, bis der Eisprung einsetzt, aber das macht nichts, weil ihre Hitzeperiode mindestens drei Tage auf dem Höhepunkt bleibt, so daß sie immer noch aktiv kopuliert, wenn die Ovulation stattgefunden hat. Der Auslöser aber, der die Ovulation freisetzt, ist der intensive Schmerz und Schock, den die »Queen« erleidet, wenn ihr erster Freier seinen stachelbewehrten Penis zurückzieht. Dieser kurze Augenblick

der Gewalttätigkeit wirkt wie das Abfeuern einer Startpistole und setzt die Produktion ihres Hormonhaushalts in Gang.

In gewisser Weise heißt es nicht ganz zu Unrecht, daß ein Katzenweibchen während der Hitzeperiode »masochistisch« sei, denn schon etwa dreißig Minuten, nachdem sie von dem ersten männlichen Penis verletzt wurde, ist es wieder aktiv an Sex interessiert und bereit, sich erneut zu paaren, was schließlich wieder mit Kreischen und Schlagen ihrerseits endet. Wenn man bedenkt, wie sehr der stachelige Penis sie verletzt haben muß, wird einem klar, daß es im Kontext der Sexualität eine Art Schmerz geben muß, der nicht die üblichen eindeutig negativen Reaktionen hervorruft.

Warum flehmt eine Katze?

Oft kann man beobachten, wie eine Katze bei irgendeiner Beschäftigung innehält und einen seltsamen Gesichtsausdruck annimmt, so als würde sie sich vor etwas ekeln. Als man das zum erstenmal bemerkte, wurde diese Reaktion tatsächlich als Ausdruck des Ekels aufgefaßt und folgendermaßen beschrieben: »Die Katze rümpft die Nase bei der Wahrnehmung eines äußerst unangenehmen Geruchs wie z. B. Urin, der von einer rivalisierenden Katze versprüht wurde.«

Diese Interpretation hat sich als Irrtum erwiesen. In Wahrheit ist fast das Gegenteil davon der Fall. Wenn die Katze diese seltsame Grimasse zieht, die in der Fachsprache als Flehmen bezeichnet wird, konzentriert sie sich in Wirklichkeit voll auf einen besonders köstlichen Geruch. Wir wissen das, weil Tests bewiesen haben, daß Urin von Katzenweibchen auf dem Höhepunkt ihrer Hitzeperiode bei Katern starkes Grimassieren dieser Art hervorruft, während Urin von sexuell nicht stimulierten Weibchen eine wesentlich schwächere Reaktion auslöst.

Die Reaktion beinhaltet folgende Elemente: Die Katze bleibt wie angewurzelt stehen, hebt den Kopf ein wenig, zieht die Oberlippe zurück und öffnet leicht das Maul. Innerhalb der halbgeöffneten Kiefer kann man manchmal sehen, wie die Zunge hin- und herschnellt oder am oberen Gaumen leckt. Die Katze schnüffelt und bietet für einige Augenblicke den Anblick einer fast tranceähnlichen Konzentration. Während dieser Zeit wird der Atem langsamer und manchmal sogar nach einem scharfen Einsaugen der Luft einige Sekunden lang angehalten. Die ganze Zeit über starrt sie vor sich hin, wie in einer Art Traum befangen.

Man könnte dieses Verhalten nicht ganz zu Unrecht mit dem eines hungrigen Mannes vergleichen, der die verlockenden Düfte einatmet, die einer Küche entströmen, es gibt jedoch einen wichtigen Unterschied: Die Katze bedient sich dabei eines Organs, das uns bedauerlicherweise fehlt. Das sechste Sinnesorgan der Katze befindet sich in einem kleinen Gebilde, das seinen Platz im oberen Gaumen hat. Es handelt sich um einen kleinen Kanal, der hinter den oberen Schneidezähnen in die Mundhöhle mündet. Dieses Röhrchen, bekannt als das Jacobsonsche Organ, ist etwa 1,25 Zentimeter lang und reagiert außerordentlich sensibel auf in der Luft befindliche chemische Stoffe. Man kann es am besten als ein Schmeck-Riech-Organ beschreiben, das für Katzen von größter Bedeutung ist, um eine »Geruchs-Nachricht« zu entschlüsseln, die in ihrem Revier oder in dessen Umkreis hinterlassen wurde. Während der menschlichen Evolution, als wir in ständig zunehmendem Maße von visuellen Eindrükken auf das Gehirn beherrscht wurden, verloren wir die Fähigkeit, unser Jacobsonsches Organ zu nutzen, von dem heute nur noch ein winziger Rest übrig ist, aber für Katzen ist es von großer Wichtigkeit und erklärt den seltsamen, hochnäsigen und zugleich staunenden Ausdruck, den sie gelegentlich annehmen, wenn sie eigentlich auf Sozialkontakte aus sind.

Wie bringt eine Katze es fertig, auf alle vier Pfoten zu fallen?

Obwohl Katzen ausgezeichnete Kletterer sind, stürzen sie manchmal ab, doch wenn das geschieht, wird sofort ein spezieller Regulierungseffekt wirksam. Ohne ihn könnte eine Katze sich leicht das Genick brechen.

Wenn sie rücklings fallen, beginnt ausgehend vom Kopfende des Körpers eine automatische Drehaktion. Der Kopf dreht sich zuerst herum, bis er zum Boden gerichtet ist, dann werden die Vorderbeine gedreht und nah ans Gesicht gezogen, um es vor dem Aufprall zu schützen. Als nächstes wird der obere Teil des Rückgrats gedreht, so daß die vordere Hälfte des Körpers mit dem Kopf eine Linie bildet. Schließlich werden die Hinterbeine angezogen, so daß jetzt alle vier Extremitäten bereit sind zur Landung, und währenddessen dreht die Katze gleichzeitig auch die hintere Hälfte ihres Körpers herum, um mit dem Vorderkörper gleichzuziehen. Kurz bevor sie dann den Boden berührt, spreizt sie alle vier Beine dem Boden entgegen und macht einen Buckel, um auf diese Weise die Heftigkeit des Aufpralls zu verringern.

Während diese Körperdrehungen stattfinden, rotiert der versteifte Schwanz wie ein Propeller und dient als eine Art Balancierstange. All dies spielt sich im Bruchteil von Sekunden ab, nur bei Zeitlupenaufnahmen sind die schnell wechselnden Stadien des Regulierungseffekts wahrzunehmen.

Wie verhalten sich alte Katzen?

Viele Katzenbesitzer merken gar nicht, daß ihre Katze schon ziemlich alt ist. Das liegt daran, daß Senilität wenig Einfluß auf den Appetit der Katze hat. Da sie weiterhin gierig und mit der üblichen Energie frißt, nimmt man an, sie sei immer noch jung. Aber es gibt bestimmte verräterische Zeichen des Alterns. Beim Springen und beim Putzen sind die ersten typischen Alterserscheinungen festzustellen, und zwar haben beide den gleichen Ursprung. Im Alter werden die Gelenke der Katze steifer, und das führt zu langsameren Bewegungen. Es wird für sie immer schwieriger, auf einen Stuhl, einen Tisch oder — außerhalb des Hauses — auf eine Mauer zu springen. Sehr alte Katzen muß man sogar auf ihren Lieblingssessel heben. Mit dem Verlust der Biegsamkeit des Körpers junger Katzen wird es für das ältere Tier auch immer schwieriger, den Nacken zu wenden, um die weniger gut erreichbaren Teile des Fells zu putzen. An diesen Körperstellen fängt das Fell nun an, struppig und ungepflegt auszusehen, und in diesem Stadium ist es eine große Hilfe, wenn der Besitzer bei der Fellpflege sanft nachhilft, auch wenn die Katze nicht schon in ihren früheren Tagen mit Kamm und Bürste behandelt wurde.

Doch nicht nur der Körper der älteren Katze wird starrer, sie wird es auch in ihren Gewohnheiten. Ihre tägliche Routine wird immer gleichförmiger, und Neuheiten, die sie früher vielleicht mit großem Interesse aufgenommen hätte, verursachen jetzt ernsthafte Probleme. Die Idee, ein junges Kätzchen zu kaufen, um die alte Katze aufzumuntern, bringt nichts. Es stört nur den Tagesrhythmus des älteren Tiers.

Noch traumatischer verläuft ein Umzug für sie. Die freundlichste und schonendste Art, mit einer alten Katze umzugehen, besteht deshalb darin, so weit wie möglich an dem einmal eingeführten Tagesablauf festzuhalten, allerdings mit ein wenig physischer Unterstützung zusätzlich, wo sie erforderlich zu sein scheint.

Das Leben außerhalb des Hauses ist für eine alte Katze voller Gefahren. Auseinandersetzungen mit jüngeren Rivalen enden nun fast immer mit einer Niederlage für sie, deshalb ist es notwendig, eventuelle Verfolgungsjagden sorgfältig zu beobachten.

Glücklicherweise ereignen sich solche gravierenden Veränderungen im Leben der meisten Katzen erst sehr spät. Menschen leiden ungefähr das ganze letzte Drittel ihres Lebens unter Alterserscheinungen, bei Katzen ist es für gewöhnlich nur im letzten Zehntel der Fall. Die durchschnittliche Lebenserwartung liegt bei etwa zehn Jahren. Einige Katzenkenner setzen sie etwas höher an — bei etwa zwölf Jahren —, aber es ist nicht möglich, sie genau festzulegen, weil die Bedingungen der Katzenhaltung zu stark variieren. Die allgemeine Richtschnur sieht so aus: Ein normales Katzenleben dauert etwa neun bis fünfzehn Jahre; der altersbedingte Abbau sollte nur im letzten Lebensjahr spürbar sein.

Es gab schon viel Streit über das Rekordalter domestizierter Katzen, und erstaunliche Zahlen wurden genannt: zum Beispiel ein Alter von 43 Jahren. Die höchste gesicherte Lebensspanne einer Katze betrug jedoch 36 Jahre, und zwar handelte es sich um eine Tabbykatze namens Puss, die von 1903 bis 1939 lebte. (Tabby — in Züchtersprache Katze mit gestromter, getigerter, marmorierter oder scheckiger Fellzeichnung; *Anm. d. Red.*) Das ist sehr ungewöhnlich und extrem selten. Ernsthafte Bemühungen, über zwanzig Jahre alte Katzen in Großbritannien und den Vereinigten Staaten aufzuspüren, brachten nicht mehr als eine Handvoll glaubhafter Fälle ans Licht.

Einer der Gründe, weshalb es so schwierig ist, eine glaubhafte Rekordliste langlebiger Katzen aufzustellen, liegt darin, daß die meisten sorgfältig festgehaltenen Daten immer nur reinrassige Katzen betrafen, die viel kürzer leben als die freien Kreuzungen der Hauskatzen oder der Mischlinge. Das liegt daran, daß die preisgekrönten und reinrassigen Katzen unter Inzucht leiden, was ihr Leben drastisch verkürzt. Die gewöhnlichen Hauskatzen dagegen erfreuen sich der üblichen Widerstandskraft der Hybridarten und eines gesteigerten körperlichen Durchsetzungsvermögens, wie es nur außerhalb der Zuchten vorkommt. Oft genug aber werden solche Katzen weniger gut behütet, so daß sie häufiger Katzenkämpfe auszufechten haben und eher vernachlässigt und falsch ernährt werden. Das wiederum verkürzt ihre Lebenszeit. Eine Katze mit einer rekordbrechenden Lebensspanne hat deshalb mit höchster Wahrscheinlichkeit einen äußerst dubiosen Stammbaum, ist aber dennoch ein außerordentlich geliebtes und umsorgtes Hauskätzchen. Für ein solches Tier ist ein Lebensalter von fünfzehn oder zwanzig Jahren kein zu hochgestecktes Ziel.

Seltsam ist sicher auch, daß die Lebenserwartung der Katzen viel höher ist als die von Hunden. Der absolute Rekord für einen Hund liegt bei 29 Jahren, also sieben Jahre unter dem nachweislichen Höchstalter einer Katze. In Anbetracht dessen, daß größere Tiere im allgemeinen länger leben als kleine, muß man also sagen, daß hier eine Umkehr der Zahlen vorliegt. Es gibt in dieser Beziehung auch noch eine Art Wiedergutmachung für Kater, die durch Kastration verstümmelt wurden, denn diese haben eine deutlich höhere Lebenserwartung als unkastrierte. Die Gründe dafür scheinen darin zu liegen, daß sie in weniger gefährliche Raufereien mit Rivalen verwickelt werden und daß sie auch in gewisser Weise gegenüber Infektionen widerstandsfähiger sind. Eine sorgfältige Studie ergab, daß kastrierte Kater eine um drei Jahre höhere Lebenserwartung haben als unkastrierte.

Warum leckt eine Katze sich das Gesicht, auch wenn es gar nicht schmutzig ist?

Ein kurzes Lecken mit der Zunge über die Lippen ist ein Zeichen dafür, daß die Katze gleichzeitig von etwas fasziniert oder beunruhigt ist. Während sie den Blick fest auf die Quelle ihrer Aufregung richtet, scheint die Katze gleichzeitig plötzlich eine unerklärliche und dringende Notwendigkeit zu verspüren, sich die Nase oder das Fell in dieser Gegend zu putzen. Aber da ist kein Stäubchen zu entdekken. Die Säuberung ist nicht funktional bedingt und folgt auch nicht dem üblichen Muster, das man nach der Fütterung oder während einer normalen »Waschaktion« beobachten kann. Das Lecken erfolgt mit einer kurzen und scharfen Bewegung — ein schneller Zungenschlag —, der sich nicht in der üblichen Weise zu einer gründlichen Putzaktion entwikkelt. Es ist eine Art Pendant bei Katzen zu der menschlichen Reaktion, sich am Kopf zu kratzen, wenn etwas Verblüffendes oder Irritierendes geschieht.

Solche Reaktionen werden als Ersatzhandlungen bezeichnet. Bei der Katze treten sie auf, wenn sie in einen inneren Konflikt gerät. Irgend etwas stört sie, erregt aber gleichzeitig ihre Neugier, stößt sie also gleichzeitig ab und zieht sie an. Sie sitzt da, möchte einerseits weglaufen und andererseits dableiben. Sie starrt das an, was sie irritiert, und da sie den Konflikt nicht zu lösen vermag, äußert sich ihre Erregung durch eine triviale, abgekürzte Handlung, etwas, das sie aus der Sackgasse, in der sie sich befindet, herausführen soll. Reaktionen dieser Art sind von Tierart zu Tierart verschieden. Einige Tiere knabbern oder beißen an ihren Pfoten, andere kratzen sich mit der Hinterpfote am Ohr. Vögel wetzen die Schnäbel an einem Ast. Schimpansen kratzen sich an den Armen oder am Knie. Aber alle Katzenartigen reagieren vornehmlich mit diesem leckenden Zungenschlag.

Es gibt eine einfache Möglichkeit, das zu testen. Katzen mögen keine hohen, vibrierenden Töne, aber sie sind interessiert an allem, was solche Geräusche hervorbringt. Wenn man eine Münze auf den Zähnen eines Kamms hin- und herbewegt, entsteht ein solches Geräusch. Fast jede Katze starrt auf den Kamm in Ihrer Hand, wenn Sie auf diese Weise Geräusche produzieren, und fängt dann nach wenigen Sekunden an, sich die Lippen zu belecken. Wenn das Geräusch anhält, wird das Tier eventuell zu der Entscheidung gelangen,

daß es genug davon hat, aufstehen und gehen. Erstaunlicherweise funktioniert das bei voll ausgewachsenen Löwen genauso wie bei der kleinen Tabbykatze. Manchmal zeigt sich statt Lippenlecken ein heftiges Niesen, manchmal auch ein starkes Gähnen — beides offenbar alternative Ersatzhandlungen von Feliden, die aber seltener vorkommen als das Lippenlecken.

Weshalb Katzen Vibrationsgeräusche dieser Art so irritieren, ist ein Geheimnis; möglicherweise haben sie im Laufe der Evolution mit giftigen Tieren zu tun gehabt, die derartige Geräusche produzierten — Tiere, die als Beute nicht in Frage kamen. Ein naheliegendes Beispiel, das einem da in den Sinn kommt, ist das Rasseln der Klapperschlange. Katzen besitzen vielleicht eine automatische Alarmvorrichtung gegenüber solchen Tieren, und das mag der Grund dafür sein, daß sie gleichzeitig beunruhigt und fasziniert sind.

Warum reagieren Katzen so stark auf Katzenminze?

Kurz gesagt, weil sie geborene Junkies sind. Die Katzenminze, eine Pflanze aus der Familie der Minzgewächse, enthält ein Öl namens *hepetalactone,* das auf manche Katzen eine ähnliche Wirkung hat wie Marihuana auf einige Menschen. Wenn Katzen diese Pflanze in einem Garten finden, machen sie einen etwa zehnminütigen Trip, bei dem sie vor Ekstase fast auszuflippen scheinen. Das ist jetzt eine ziemlich am Menschen orientierte Interpretation, denn davon, was im Kopf der Katze wirklich vor sich geht, haben wir keine Ahnung. Aber wer die starke Reaktion auf Katzenminze einmal beobachtet hat, weiß, daß das Tier wie unter Drogen oder in Trance versetzt wirkt. Die Reaktion gibt es bei allen Katzenarten — sogar Löwen —, nicht aber bei jeder Katze. Es gibt viele, die nicht »auf den Trip gehen«, und man weiß, daß dies genetisch bedingt ist. Katzen werden entweder als Junkies geboren oder nicht. Die jeweilige Kondition hat damit nichts zu tun. Auch junge Katzen verschmähen es übrigens, sich »high« zu machen. In den beiden ersten Monaten ihres Lebens meiden sie Katzenminze, die »positive« Reaktion darauf tritt erst auf, wenn sie mindestens drei Monate alt sind. Danach bilden sich zwei Gruppen heraus — eine, die Katzenminze nicht länger aktiv meidet, sie jedoch einfach ignoriert und wie jede andere Pflanze im Garten behandelt; und die andere, die wild wird, sobald sie damit in Berührung kommt. Das Verhältnis der beiden Gruppen zueinander beträgt etwa 50 zu 50, mit einem kleinen Überhang zur positiv reagierenden Gruppe.

Die positive Reaktion geht in etwa so vor sich: Die Katze nähert sich der Katzenminze und schnüffelt daran, dann fängt sie mit wachsender Verzückung an, daran zu lecken, hineinzubeißen, darauf herumzukauen, wiederholt Wange und Kinn daran zu reiben, den Kopf zu schütteln, sich mit dem ganzen Körper daran zu reiben, laut zu schnurren, zu brummen, zu mauzen, sich herumzurollen und sogar Luftsprünge zu vollführen. Auch Waschen und Kratzen der Pflanze wird manchmal beobachtet. Selbst die reserviertesten Katzen scheinen total enthemmt zu werden durch die chemischen Bestandteile der Katzenminze und ihre Wirkung.

Das Hin- und Herrollen am Boden, das man bei diesem tranceähnlichen Zustand beobachten kann, ähnelt den Körperbewegungen der weiblichen Katze in Hitze. Deshalb wurde angenommen, daß Katzenminze so etwas wie ein Aphro-

disiakum für Katzen ist. Das ist allerdings nicht besonders überzeugend, weil unter den 50 % der Katzen, die voll auf Katzenminze reagieren, sowohl Männchen als auch Weibchen sind und sowohl geschlechtlich intakte Tiere als auch kastrierte und sterilisierte. Es scheint sich also nicht um einen »Sex-Trip« zu handeln, sondern eher um einen Drogen-Trip, der ähnlich ekstatische Zustände hervorruft, wie sie auf dem Höhepunkt sexueller Aktivitäten auftreten.

Katzen-Junkies sind glücklich. Anders als viele Drogen bei uns Menschen verursacht Katzenminze keine dauerhaften Schäden, und nach dem zehnminütigen Koller verhält die Katze sich wieder völlig normal, ohne jedes Anzeichen einer krankhaften Veränderung.

Katzenminze (*nepeta cataria*) ist nicht die einzige Pflanze, die bei Katzen diese seltsame Reaktion hervorruft. Baldrian *(valeriana officinalis)* bewirkt das gleiche, und es gibt noch verschiedene andere Pflanzen, die auf Katzen eine starke Wirkung ausüben. Die erstaunlichste Entdeckung in diesem Zusammenhang, die überhaupt keinen Sinn zu ergeben scheint, ist die, daß Katzenminze oder Baldrain, wenn sie Katzen zum Einnehmen verordnet werden, beruhigend wirken. Wieso sie Aufputscher sein können bei äußerer Anwendung und Tranquilizer bei innerer, bleibt ein Rätsel.

Wie findet eine Katze nach Hause?

Über kurze Entfernungen besitzen Katzen ein ausgezeichnetes visuelles Erinnerungsvermögen, das durch vertraute Gerüche unterstützt wird, wenn sie sich ihrem Heim nähern. Aber wie bringt eine Katze es fertig, in die richtige Richtung zu gehen, wenn sie in einer Entfernung von mehreren Kilometern von ihrem heimischen Territorium ausgesetzt wird?

Zunächst einmal, kann sie das wirklich? Vor einigen Jahren lieh ein deutscher Zoologe eine Anzahl von Katzen bei ihren Besitzern aus, die in Kiel lebten. Er sperrte die Tiere in dunkle Boxen und fuhr kreuz und quer mit ihnen durch die Stadt, wobei er eine schwierige, verwickelte Route wählte, um sie so sehr wie möglich zu irritieren. Dann fuhr er mit ihnen mehrere Kilometer vor die Stadt auf ein Feld, auf dem er ein großes Labyrinth installiert hatte. Das Zentrum des Labyrinths besaß vierundzwanzig Ausgänge. Wenn man von oben auf die Anlage sah, gingen die einzelnen Gänge fächerartig von der Mitte ab, in Abständen von jeweils fünfzehn Grad. Das gesamte Labyrinth war überdacht, so daß weder Sonnen- noch Sternenlicht eindringen und der Katze Orientierungshilfen geben konnten. Nun wurde jedes Tier der Reihe nach einzeln in das Labyrinth gesetzt, wo es herumsuchen konnte, bis es sich für einen der nach außen führenden Gänge entschied. Eine signifikante Anzahl der Katzen wählte dabei den Gang, der in direkter Richtung zu ihrem Revier führte.

Als diese Befunde zum erstenmal bei einer internationalen Konferenz vorgetragen wurden, waren die meisten Anwesenden äußerst skeptisch. Die Versuche wurden gewiß peinlich genau durchgeführt, aber die Ergebnisse schienen der Katze eine so erstaunliche Sensibilität zur Heimfindung zuzusprechen, daß wir das Ganze doch nicht so recht akzeptieren mochten. Wir vermuteten, daß in der angewandten Methode irgendein Fehler stecken mußte. Der offensichtliche Schwachpunkt lag in der Möglichkeit, daß die Katzen so etwas wie eine Landkarte nach dem Gedächtnis entwickelt haben konnten. Vielleicht war es ihnen gelungen, bei dem Umherfahren in der Stadt Abweichungen und Korrekturen bei all den Biegungen und Wendungen aufzustellen, so daß sie während der Fahrt die Richtung ihres jeweiligen Zuhauses durch Wiederholung der Route im Gedächtnis behielten.

Diese Zweifel aber wurden ausgeräumt durch andere Tests mit Katzen in den Vereinigten Staaten. Dort hatte man den Katzen vor dem Aufbruch Beruhigungsmittel ins Futter

gegeben, so daß sie während der Fahrt in tiefen Schlaf verfielen. Erst als sie angekommen waren, wachten sie wieder auf, und dann begann der Test. Erstaunlicherweise »kannten« die Katzen auch bei diesem Versuch den richtigen Heimweg.

Seither wurden viele Heimfindungstests mit vielen verschiedenen Tierarten durchgeführt, und heute steht außer Zweifel, daß viele Arten — zu denen übrigens auch der Mensch gehört — mit einer außerordentlichen Sensibilität auf das Magnetfeld der Erde reagieren, was sie (und auch uns) befähigt, den Heimweg auch ohne visuelle Hilfsmittel zu finden. Die experimentelle Technik, die dies klärte, bestand darin, den Tieren starke Magneten anzuhängen. Das setzte ihr Heimfindevermögen außer Kraft.

Wir versuchen noch immer zu ergründen, wie dieser Heimfindemechanismus funktioniert. Wahrscheinlich sind Eisenpartikel, die normalerweise in tierischem Gewebe vorkommen, entscheidend daran beteiligt, indem sie den heimstrebenden Individuen als eingebauter biologischer Kompaß dienen. Doch vieles ist nach wie vor ungeklärt.

Immerhin können wir heute eine ganze Reihe der unglaublichen Heimfindegeschichten akzeptieren, die uns aus vergangenen Tagen überliefert sind. Früher wurden sie als weit übertriebene Anekdoten betrachtet, oder man nahm an, die »heimkehrende« Katze sei in Wirklichkeit eine ganz andere, aber heute muß man sie allem Anschein nach ernst nehmen. Fälle von Katzen, die mehrere hundert Kilometer zurückgelegt haben, um von einem neuen Zuhause wieder in das alte zu gelangen, wobei sie mehrere Wochen unterwegs waren, kann man nicht länger einfach als Unfug abtun.

Können Katzen Erdbeben vorausahnen?

Die Frage ist kurz mit »ja« zu beantworten, aber wir wissen noch immer nicht mit Sicherheit, woher sie das können. Vielleicht reagieren sie bereits sensibel auf so geringfügige Vibrationen der Erde, daß unsere Instrumente sie noch gar nicht erfassen können. Es ist jedoch bekannt, daß es bei Erdbeben eher eine stufenweise Entwicklung gibt als ein plötzlich auftretendes, massives Beben. Es wäre möglich, daß Katzen ein Vorwarnungssystem besitzen.

Eine zweite Möglichkeit besteht darin, daß sie auf die dramatische Erhöhung der statischen Elektrizität reagieren, die Erdbeben offenbar vorausgeht. Eine solche Reaktion gibt es auch bei Menschen, aber sie ist eher vage und unspezifisch. Wir sprechen bei solchen Gelegenheiten von nervöser Spannung und pochenden Schmerzen im Kopf, aber wir können diese Gefühle nicht von ähnlichen Symptomen nach einem streßreichen Arbeitstag oder zu Beginn einer Erkältung unterscheiden. Deshalb ist es uns nicht möglich, diese Anzeichen exakt zu deuten. Katzen aber können das aller Wahrscheinlichkeit nach.

Bei einer dritten Vermutung geht man davon aus, daß Katzen unglaublich sensibel auf plötzliche Änderungen im Magnetfeld der Erde reagieren. Veränderungen dieser Art sind — wie wir wissen — Begleiterscheinungen von Erdbeben. Vielleicht finden alle drei Reaktionen gleichzeitig statt — die Feststellung geringfügiger Erdvibrationen, elektrostatischer Aktivität und Magnetfeldveränderungen. Eines ist sicher: Katzen haben wiederholt kurz vor dem Ausbruch großer

Erdbeben starke Erregung gezeigt. Katzenbesitzern, die die Furcht ihrer Haustiere bemerken und beachten, kann das möglicherweise das Leben retten. In vielen Fällen wurden Katzen beobachtet, die plötzlich im Haus umherrasten, auf der verzweifelten Suche nach einem Fluchtweg. Sobald man ihnen die Tür öffnete, flohen sie in panischer Angst weg von den Gebäuden. Dies wird immer wieder berichtet von den gefährlichsten Erdbebengebieten, und jetzt wird eine ernsthafte Untersuchung durchgeführt, um genau zu analysieren, welche Warnsignale die Katze empfängt.

Ähnliche Reaktionen wurden registriert, wenn Katzen Vulkanausbrüche und schwere Gewitterstürme vorausahnten. Wegen ihrer ganz außergewöhnlichen Sensibilität wurden sie oft kindischerweise als mit übernatürlichen Kräften begabte Tiere angesehen, und im Mittelalter war das häufig ihr Verderben. Viele Katzen fanden einen grauenvollen Tod, indem sie von abergläubischen Christen verbrannt wurden, weil man glaubte, sie wären im Besitz (oder besessen) von übernatürlichem Wissen. Die Tatsache, daß wir heute erkannt haben, daß dieses Wissen vollkommen natürlich ist, macht es um nichts weniger wunderbar.

Warum halten Katzen so viele Nickerchen?

Katzen verfallen häufiger in kurze Perioden leichten Schlafes. Diese kurzen Nickerchen sind bei Katzen allgemein üblich und haben nicht, wie beim Menschen, etwas mit Übermüdung zu tun, sondern damit, daß Katzen ein grundlegend anderes Schlafverhalten haben als Menschen. Wenn erwachsene Menschen nicht die halbe Nacht hindurch aufgeblieben oder krank oder sehr alt sind, halten sie so gut wie nie kurze Nickerchen. Sie beschränken ihre Schlafenszeit auf acht Stunden in der Nacht, und zwar in einer einzigen zusammenhängenden Schlafphase. Im Vergleich dazu sind Katzen Superschläfer, sie verschlafen von vierundzwanzig Stunden etwa sechzehn, also doppelt soviel wie ein Mensch. Das bedeutet, daß eine neun Jahre alte Katze, die sich dem Ende ihres Lebens nähert, insgesamt nur etwa drei Jahre lang wach gewesen ist. Das ist bei den meisten anderen Säugetieren nicht der Fall, die Katze aber gehört in eine ganz spezielle Kategorie: in die der extrem hochentwickelten Raubtiere. Die Katze ist so erfolgreich bei der Beschaffung ihrer hochwertigen Nahrung, daß es ihr gelungen ist, Zeit einzusparen — Zeit, die sie nutzt, um zu schlafen und, allem Anschein nach auch, um zu träumen. Andere Karnivoren wie z. B. Hunde und Mungos müssen sehr viel mehr Zeit aufwenden, um ihre Beute zu suchen und zu jagen. Die Katze sitzt da und wartet, schleicht sich an, tötet und frißt und schlummert dann ein wie ein Gourmet nach einem guten Mahl. Niemand sonst fällt so leicht in Schlaf wie eine Katze.

Es gibt drei Typen von Katzenschlaf: das kurze Nickerchen, der längere leichte Schlaf und der Tiefschlaf. Der leichte und der tiefe Schlaf unterscheiden sich in charakteristischer Weise. Wenn das Tier sich für mehr als ein kurzes Nikkerchen niederläßt, versinkt es zunächst in einen leichten Schlaf, der etwa eine halbe Stunde dauert. Dann erst setzt der Tiefschlaf ein mit einer Dauer von nur sechs bis sieben Minuten. Anschließend kehrt die Katze für eine weitere halbe Stunde zum leichten Schlaf zurück, und so geht es weiter, bis sie möglicherweise erwacht. Während der Periode des Tiefschlafs entspannt sich der Körper der schlafenden Katze so sehr, daß sie im allgemeinen auf eine Seite rollt. In dieser Phase scheint sie auch zu träumen, wobei ihre Ohren, die Pfoten und der Schwanz häufig zucken und zittern. Saugbewegungen der Lippen, und gelegentlich auch kleine Laute wie Brummen, Schnurren und so etwas wie Gemurmel sind dabei zu beobachten. Auch Augenbewegungen können auftreten, aber bei alldem bleibt der Leib der Katze unbeweglich und völlig entspannt. Im ersten Lebensmonat gibt es bei den jungen Katzen überhaupt nur diese Art von Tiefschlaf, der insgesamt zwölf Stunden täglich dauert. Nach dem ersten Monat ändert sich das Schlafverhalten rapide zu dem einer erwachsenen Katze.

Warum sind Katzenhalter gesünder als andere Menschen?

Diese Frage mag seltsam klingen, aber es gibt eine ganze Reihe von Zeugnissen, die beweisen, daß Katzenhaltung gut für die menschliche Gesundheit ist. Und für geplagte Haustierbesitzer, denen heute oft vorgeworfen wird, »mit ihren Tieren die Umwelt zu verschmutzen«, mag es ein wenig tröstlich klingen, daß ihre Gegner aus der Anti-Katzen-Lobby wahrscheinlich früher sterben werden als sie.

Dafür gibt es zwei Gründe: Zum einen ist bekannt, daß der freundschaftliche physische Umgang mit Katzen dem Menschen aktiv Streß abbauen hilft. Die Beziehung zwischen Mensch und Katze besteht weitgehend in der Berührung. Die Katze reibt sich am Körper des Besitzers, und der Katzenhalter streichelt und liebkost das Katzenfell. Bei klinischen Tests der Körperreaktionen hat sich gezeigt, daß diese spürbar ruhiger werden, wenn Menschen anfangen, ihre Katzen zu streicheln. Spannungen lösen sich, und auch der Körper wird entspannt. Diese Form der »Katzen-Therapie« hat sich in der Praxis in einer Reihe akuter Fälle von Geisteskrankheit bewährt, wo sich bei den Patienten erstaunliche Besserungen zeigten, nachdem ihnen die Gesellschaft von Katzen genehmigt worden war.

Wir alle fühlen uns irgendwie befreit allein durch die einfache, aufrichtige Beziehung zu einer Katze. Das ist der zweite Grund für die wohltuende Wirkung der Katze auf den Menschen. Es ist nicht nur eine Sache der Berührung, wie wichtig sie auch sein mag. Es ist auch eine Sache der psychologischen Beziehung, der die Kompliziertheit, die Treulosigkeit und Widersprüchlichkeit menschlicher Beziehungen fehlt. Wir alle werden von Zeit zu Zeit verletzt durch gewisse menschliche Beziehungen, einige von uns in akuter, andere mehr in trivialer Weise. Menschen, denen dabei schwere innere Wunden zugefügt werden, fällt es möglicherweise schwer, wieder jemandem zu vertrauen. Für sie kann eine Freundschaft mit einer Katze eine so große psychische Entlastung mit sich bringen, daß sie dadurch sogar ihr Vertrauen zu menschlichen Beziehungen zurückgewinnen, daß ihr Zynismus und ihr Argwohn überwunden werden und daß ihre verborgenen Wunden heilen. Und eine Spezialstudie in den Vereinigten Staaten hat vor kurzem gezeigt, daß bei Menschen mit streßbedingten Herzerkrankungen der Besitz einer Katze buchstäblich über Leben und Tod entscheiden kann, indem er den Blutdruck senkt und das überforderte Herz beruhigt.

Was besagt die englische Redensart, daß jemand »Kätzchen bekommt«?

Wenn man in England sagt, »sie wird Kätzchen bekommen, wenn sie das erfährt«, meint man damit, daß jemand schrecklich aufgeregt sein wird, bis an die Grenze der Hysterie. Auf den ersten Blick besteht absolut kein Zusammenhang zwischen einem derart verwirrten menschlichen Verhalten und dem Gebären von Kätzchen. Wahr ist allerdings, daß eine von Panik ergriffene oder hysterische Frau, die zufällig schwanger ist, infolge von stark emotionalem Streß eine Fehlgeburt erleiden kann. Daß jemand infolge von Panik plötzlich gebärt, ist insofern verständlich. Aber wieso Kätzchen bekommt?

Um die Antwort zu finden, müssen wir die Zeit zurückdrehen bis ins Mittelalter, als man Katzen für die Vertrauten von Hexen hielt. Wenn eine schwangere Frau plötzlich von quälenden Schmerzen gepeinigt wurde, glaubte man damals, daß sie verhext wäre und Kätzchen im Leib hätte, die sie von innen kratzten. Da Hexen angeblich über die Katzen geboten, konnten sie auch magische Tränke zubereiten, um den Wurf zu vernichten, so daß die Frau keine Kätzchen zur Welt bringen mußte. Noch im 17. Jahrhundert sagte man an Höfen als Entschuldigung für das Erleiden eines Aborts, es habe sich um eine Entledigung von »Katzen im Bauch« gehandelt.

Da wohl jede Frau im Glauben, verhext und auf dem besten Wege zu sein, einen Wurf Kätzchen zu gebären, hysterisch reagieren würde, ist zu verstehen, wie es dazu kam, daß die Redewendung von »Kätzchen bekommen« allgemein für den Zustand angstvoller Panik verwendet wurde.

Warum sagen wir:
Er läßt die Katze aus dem Sack?

Der Ursprung dieses Sprichwortes, das soviel bedeutet wie »er gibt ein Geheimnis preis«, läßt sich bis ins 18. Jahrhundert zurückverfolgen, wo es sich auf einen Trick bezog, der an Markttagen gern angewendet wurde. Ferkel wurden damals oft in einem kleinen Sack oder Beutel zum Markt gebracht. Gauner aber steckten eine Katze in den Sack und behaupteten, es wäre ein Ferkel drin. Wenn der Käufer darauf bestand, es zu sehen, wurde ihm gesagt, es sei zu lebhaft und man könne es nicht riskieren, den Sack zu öffnen, weil das Tier sonst entkommen würde. Wenn die Katze sich so zur Wehr setzte, daß der Gauner sie aus dem Sack ließ, wurde sein Geheimnis entdeckt.

Warum bezeichnet man ein Bordell im Englischen auch als Katzenhaus

Prostituierte wurden in England seit dem 15. Jahrhundert auch »cats«, Katzen genannt — aus dem einfachen Grund, weil die Stadtkatze viele »Toms« anzieht, wenn sie in Hitze ist, und sich mit einem nach dem anderen paart. Schon 1401 wurden Männer vor den Gefahren gewarnt, die es mit sich bringt, die »cattis tailis«, die Katzenschwänze, zu jagen. Das erklärt zugleich, weshalb das Wort tail (Schwanz) heute im Slang manchmal noch als Bezeichnung für die weiblichen Genitalien benutzt wird. Ein ähnlicher Gebrauch des Wortes Pussy stammt aus dem 17. Jahrhundert.

Warum werden in anglo-amerikanischen Ländern Katzenweibchen als »Queen« bezeichnet?

Weil rollige Kätzinnen über die Kater herrschen. Diese müssen sich wie Höflinge im Kreis um sie versammeln, müssen sich ihr mit großer Ehrerbietung nähern und werden oft in selbstherrlicher Weise von ihr bestraft.

Warum heißt der Kater in England »Tom«?

Diese Sitte läßt sich genau bis zum Jahre 1760 zurückverfolgen, als von einem unbekannten Autor eine Geschichte veröffentlicht wurde, die »Leben und Abenteuer einer Katze« hieß. Darin hieß der Held der Geschichte, ein männliches Tier, »Tom the Cat« – »Tom der Kater«. Die Erzählung erfreute sich großer Beliebtheit, und seitdem wird in England, wenn ein Kater gemeint ist, meist von einem Tom geredet.

Wieso hat eine Katze neun Leben?

Die Unverwüstlichkeit und Zähigkeit der Katze legten die Idee nahe, daß sie mehr als nur ein Leben haben müßte, aber der Grund dafür, daß man ihr neun Leben nachsagte und nicht irgendeine beliebige andere Anzahl, hat die Menschen oft vor ein Rätsel gestellt. Die Antwort ist ziemlich einfach. In alten Zeiten hielt man die Neun für eine besondere Glückszahl, weil sie die »Trinität der Trinitäten« ist und deshalb für die »glückliche« Katze ganz besonders geeignet.

Warum sagt man, »da ist nicht genügend Platz, um eine Katze herumzuschwenken«?

Das geht zurück auf die Peitsche, die »neunschwänzige Katze«, die früher auf Kriegsschiffen verwendet wurde, nicht aber auf das Tier selbst. Diese Peitsche hatte neun einzeln verknotete Stränge und war zu lang, als daß man sie unter Deck schwingen konnte. Daraus folgte, daß Seeleute, die zur Prügelstrafe verurteilt worden waren, nach oben gebracht werden mußten, wo es genug Platz gab, um die Peitsche zu schwenken.

Der Grund dafür, daß die Peitsche als Katze bezeichnet wurde, lag darin, daß sie Spuren auf den Rücken der Seeleute hinterließ, die an Krallenkratzer einer Wildkatze erinnerten.

Was bedeutet das englische Sprichwort von der Katze, die in der Hölle keine Chance hat?

Im ersten Augenblick wirkt dieser Ausspruch ebenso unverständlich wie das wohlbekannte Lamento von Fußballern die behaupten, so krank wie ein Papagei zu sein. In beiden Fällen ergibt sich des Rätsels Lösung, wenn man das ursprüngliche, ungekürzte Sprichwort kennt, das seit langem nicht mehr gebräuchlich ist. Der vollständige Ausspruch über die Katze lautet: »Keine besseren Chancen als eine Katze ohne Krallen in der Hölle.« Ursprünglich handelt es sich also um einen Hinweis auf die hoffnungslose Situation, in der sich jemand befindet, der keine adäquate Waffe besitzt. (Das vollständige Sprichwort über den Papagei hieß übrigens: »So krank wie ein Papagei mit einem Gummischnabel.« Auch hier also eine Anspielung auf das Fehlen einer scharfen Waffe.)

Warum sagt man in England, wenn es gießt, es regne Katzen und Hunde?

Diese Redewendung »it is raining cats and dogs« kam vor einigen Jahrhunderten auf, zu einer Zeit, in der die Straßen der Städte und Dörfer oft eng und schmutzig und mit erbärmlichen Abwasserkanälen versehen waren. Ungewöhnlich schwere Stürme riefen sturzbachartige Überschwemmungen hervor, in denen viele halbverhungerte Katzen und Hunde, die dort nach Futter suchten, ertranken. Wenn der Regen aufhörte, tauchten die Menschen wieder aus ihren Häusern auf und fanden die Kadaver dieser unglücklichen Tiere, und die einfältigen unter ihnen glaubten, sie wären vom Himmel gefallen und es hätte buchstäblich Katzen und Hunde geregnet.

Was Jonathan Swift 1710 über die Auswirkungen eines schweren Unwetters in einer Stadt schrieb, belegt diese Ansicht: »Jetzt schossen von allen Seiten die Wasserfluten heran und führten manche Trophäen mit sich ... ertrunkene junge Hunde, stinkende Fische, viel Schlamm, tote Katzen ...«

Einige Klassiker ziehen eine ältere Erklärung vor und vermuten, die Redewendung sei von dem griechischen Wort für Wasserfall abgeleitet worden: *catadupa.* Wenn der Regen in Strömen fällt — wie ein Wasserfall —, könnte aus dem sprichwörtlichen *catadupa* allmählich »cats and dogs« entstanden sein.